Mein Glücks-rezept

DR. MED. KONSTANZE KUCHENMEISTER

DR. MED. KONSTANZE KUCHENMEISTER

Mein Glücksrezept

So meistern Sie jede Lebenskrise aus eigener Kraft

Vorwort 7

Das Leben ist schön – und manchmal grausam 11

Die drei Säulen des Glücks 43

An der Krise wachsen 44

Wo Gefahr ist, wächst auch
das Rettende 44

Die eigenen Kräfte
freisetzen 45

GLÜCKSREZEPT EINS:
Finde deine Leidenschaft, mach deine Träume wahr! 47

Schmieden Sie Ihren Plan	47	Festigen Sie Ihre Entscheidung	70
In der Krise wachsen	49	Veränderungen einleiten – so gelingt es	71
Die Chance in der Krise	50	Weg mit dem alten Irrglauben!	72
Innere Energien freisetzen	53	Optimismus als Baustein des Glücks	75
Stellen Sie sich Ihre konkrete Aufgabe	56	Was Sie sofort ändern können	77
Das Prinzip Freude nutzbar machen	59	Erfolgsstrategie mit List und Tücke	77
Interesse oder Engagement?	62	Kleine Glücksrezepte für sofort	83
So üben Sie Ihre Entschlusskraft	66		

GLÜCKSREZEPT ZWEI:
Lass los – außen wie innen! 85

Neues braucht Freiraum	86	Gewohnheiten durchbrechen	95
Angst ist kein Helfer!	87	Die Chance zur Veränderung ergreifen	96
Kunst der Vereinfachung Oder: klare Sicht vom Eiffelturm	89	Wege aus der Fremdbestimmung	98
Alten Ballast abwerfen	90	Freunde und Energieräuber	100
Los geht's: Entrümpeln praktisch	93	Gute Zeitplanung befreit den Blick	102

INHALT

GLÜCKSREZEPT DREI:
Achte (auf) deinen Körper! 107

Mit Laufen in Bewegung kommen 108

Folgen Sie einfach Ihrer Natur 109	Minimalprogramm für Einsteiger:
Bewegung heilt 110	Spazieren, walken, laufen 123
Einfach loslegen! 114	Für fortgeschrittene Einsteiger:
Laufende Typen 116	Nordic Walking 123
Bestens ausgerüstet 117	Königsdisziplin Laufen 124
Die korrekte Belastung 118	So werden Sie leistungsfähiger 127
Vor dem Laufen in Schwung kommen 120	

Richtig atmen 128

Richtig atmen ist heilsam 129	Atemübungen für jeden Tag 131
Atmen lernen in der Schule 131	Zehn Minuten innere Stille 136

Essen, das glücklich macht 138

Wie Ernährung auf die Seele wirkt .. 139	Genuss und Glück aus der Küche 150
Alles, was Ihr Körper braucht 140	Das Richtige einkaufen 151

ANHANG 154

Nachwort 155	Über die Autorin 157
Bücher, die weiterhelfen 156	Impressum 160
Links, die weiterhelfen 157	

VORWORT

In diesem Buch beschreibe ich, wie es mir gelungen ist, die Krise meines Lebens zu meistern. Und ich zeige Ihnen, wie auch Sie Ihre Ressourcen aktivieren können, um Katastrophen standzuhalten.

Eine schwere Krankheit, eine schmerzhafte Trennung, Arbeitslosigkeit oder auch ein finanzieller Ruin sind Situationen im Leben, in denen sich alles zuspitzt und aus denen es – zumindest im ersten Moment – keinen Ausweg zu geben scheint. Es sind Umstände, die sich kein Mensch wünscht, die ungebeten über einen hereinbrechen und den Alltag und das Leben von heute auf morgen radikal umkrempeln können.

Meine Zwillinge waren gerade sechs Monate alt, als bei einer Nachuntersuchung festgestellt wurde, dass mein Gebärmutterhals durch und durch von Krebs befallen war – in einem fortgeschrittenen Stadium. Bis zu diesem Moment war mein Leben ziemlich reibungslos verlaufen. Ich hatte mich für ein Medizinstudium entschieden, weil mich dieses Fach schon in meiner Jugend interessiert hatte. Ich hatte eine Zeitlang im Ausland gelebt und meinen Traummann geheiratet. Und ich war glücklich und zufrieden mit meinem trubeligen, erfüllten Alltag und voller Pläne für die Zukunft. Pläne, von denen ich ganz sicher war, dass ich sie alle verwirklichen würde.

Nun jedoch brach meine Welt zusammen. Als Frauenärztin, die selbst krebskranke Frauen operiert und behandelt hat, wusste ich, was diese Diagnose bedeutet. Und so war ich vorbereitet auf die Radikaloperation in meinem Unterleib – der Tumor war riesengroß – und die Chemotherapie, die darauf folgen musste. Die ganze Zeit über wollte ich nur eines: Einfach leben und meine Kinder groß werden sehen. Ich verlor meine Haare, aber nicht meinen

VORWORT

Lebensmut und meinen unbedingten Willen durchzuhalten, zu überleben. Mit meinem Mann Stefan versorgte ich unsere vier Kinder und organisierte den Familienalltag. Mein Zustand war äußerst kritisch.

Als der Krebs endlich besiegt schien, atmeten wir allmählich auf. Doch das Schicksal hielt unmittelbar darauf eine weitere Prüfung für uns bereit. Bei einer Untersuchung wurde festgestellt, dass ich einen zweiten Tumor hatte: in meinem Kopf – so groß wie eine Kinderfaust. Und wieder war da dieser Knoten der Angst in meinem Bauch, erneut fürchtete ich die Schmerzen und machte mir Sorgen um meine Familie. In einer zweiten komplizierten Operation wurde auch dieser Tumor entfernt.
Seitdem sind sieben Jahre vergangen. Den Kampf gegen den Krebs habe ich angenommen und die Krankheit überwunden. Es ist ein Kampf, den ich bis heute gewinne und der mich Dankbarkeit und Demut lehrt. Dankbarkeit für jeden Tag, den ich mit meiner Familie verbringen darf, Demut vor der Zerbrechlichkeit des Lebens – und vor seiner Schönheit. Denn schön ist es, mein Leben: voller Liebe, Wärme und Erfüllung. Ich koste die magischen Momente des großen und kleinen Glücks heute intensiver aus als vor meiner Krankheit, da ich weiß, wie fragil das Glück sein kann. Auch Sie werden sich später nicht an die vielen kleinen Dinge des Lebens erinnern, sondern an die einzelnen Momente des Glücks, die sich für immer einprägen.

In diesem Buch beschreibe ich, wie es mir gelungen ist, die größte Krise meines Lebens zu meistern. Denn ich habe in all der Zeit, in all den Phasen der leidvollen Prüfungen eines festgestellt: Es gibt für jede Situation – selbst für die allerschlimmste – konstruktive Strategien und Mittel, mit denen man sich am eigenen Schopf aus dem Sumpf ziehen kann, wie es so schön heißt. Im besten Fall gelingt es dabei zugleich, seinem Leben eine neue Richtung und neuen Antrieb zu geben. Diese Strategien speisen sich immer aus der Lebensgeschichte eines Menschen und aus seinen individuellen Ressourcen. Diese persönlichen Kraftquellen führen möglicherweise ein verborgenes Dasein, aber über diese Energien verfügt jeder Mensch.

VORWORT

Ich zeige Ihnen, wie auch Sie diese Ressourcen aktivieren können, um Katastrophen standzuhalten und sich auf konstruktive, erfüllende Lebensziele zu fokussieren. Dazu gehört unbedingt das Annehmen der Situation. Aber man darf sich nicht als Opfer der äußeren Umstände fühlen. Man muss die Kunst des Loslassens lernen und den absoluten Willen aufbringen, lebensverändernde Entscheidungen in die Tat umzusetzen, um die Krise zu überwinden. Die Hinwendung zu einem gesunden, vorwärtsgewandten Lebensstil ist bei alledem das A und O. In diesem Buch erfahren Sie deshalb auch, wie Sie wieder lernen, die Energiequellen des Körpers anzuzapfen. Dazu gehören Bewegung, das richtige Atmen und die optimale Ernährung. So verbessern Sie nicht nur Ihren körperlichen Zustand, sondern versetzen sich in die Lage, kraftvoll und leistungsfähig jeden Tag in Ihrem Leben kleinere und größere Krisen zu meistern.

Meine Geschichte hat Hera Lind aufgeschrieben. Sie wurde ein Bestseller, der nun sogar verfilmt wird. Ich freue mich sehr, dass ich damit viele Frauen erreiche, die jetzt regelmäßiger zur Vorsorgeuntersuchung gehen, sich auch impfen lassen. Es war ja das Hauptziel der Veröffentlichung meiner Geschichte, anderen Frauen zu ersparen, was ich durchmachen musste.
Jeden Tag werde ich seitdem gefragt, wie ich das alles schaffe: vier schulpflichtige Kinder, eine eigene Arztpraxis, einen außergewöhnlichen Mann und dazu noch der Kampf um das eigene Leben. Das Glücksrezept für all das bekommen Sie in diesem Buch von mir selbst. So wie ein Backrezept für einen leckeren Kuchen. Aus meiner ganzen Erfahrung. Machen Sie's einfach wie ich!

Von ganzem Herzen wünsche ich Ihnen ein glückliches, erfülltes Leben und selbstverständlich: Gesundheit, denn ohne die ist alles nichts.

Ihre Konstanze Kuchenmeister

Das Leben ist schön – und manchmal grausam

Bevor ich Ihnen mein »Glücksrezept« im Detail vorstelle, erzähle ich Ihnen in groben Umrissen meine Geschichte. Sie werden sehen: Mit Krisen, Not und Verzweiflung sind Sie nicht allein. Ich bin bei Ihnen. Ich bin Ihre Leidensgenossin.

Die Krise liegt hinter mir

Wenn ich mir überlege, was mir beziehungsweise uns seit unserem Hochzeitstag vor 18 Jahren in Hamburg alles passiert ist, dann war mein Leben zeitweise weiß Gott dramatisch. Trotzdem habe ich mich für das Lachen entschieden, weil das Positive und die glücklichen Momente weit überwiegen, auch wenn mein Leben zwischendurch tatsächlich am seidenen Faden hing und mir mein Mann mit seinen ständigen Ermunterungen und Durchhalteparolen streckenweise fürchterlich auf die Nerven ging. Ich hätte ihn manchmal am liebsten an die Wand geworfen, in der Hoffnung, er fiele als Frosch herunter. Scherz beiseite: Für mich ist mein Mann sozusagen mein »Prinz«, er ist der in der schimmernden Rüstung, den sich jedes Mädchen an seiner Seite wünscht. Ohne die Zuversicht und Ausdauer meines Mannes wären mein Strahlen und die Freudigkeit verblasst wie eine Sternschnuppe. Er gibt nie auf und hat mir auch in den dunklen Tagen eine unglaubliche Kraft gegeben, als das Leben eine Prüfung nach der anderen für mich bereithielt: Risikoschwangerschaften, Krebsdiagnose, Chemotherapie, Gehirntumor und andere Schicksalsschläge.

Allein, aber zum Glück nicht einsam

Bisweilen fühlst du dich ganz einsam mit deiner Angst, und niemand kann dir in solchen Momenten die Fassungslosigkeit und das Zittern abnehmen.
Ich bin mir bewusst, dass es jedem so geht, den es erwischt – ganz egal, ob es heißt »Sie sind entlassen« oder »Ich verlasse dich« oder: »Sie können nicht nach Hause gehen, sondern sollten jetzt am besten in der Klinik bleiben. Besser wir rufen den Seelsorger.«
Ich erinnere mich an etliche Hiobsbotschaften, wie ich sie zu jener Zeit laufend verkraften

WARUM ICH?

musste: Da stand etwa nach den weitreichenden Operationen und der Chemotherapie wieder die Bestimmung des Tumormarkers SCC an. Zu Beginn muss man alle drei Monate nach einer Krebsoperation antreten, um ein Rezidiv auszuschließen, einen Rückfall. Das macht man über Jahre, und dann gilt der Krebs eigentlich als besiegt – die Betonung liegt auf eigentlich, obwohl ich dieses Wort nicht mag. Jede dieser Laboranalysen hat es in sich, und du wirst definitiv nicht abgebrühter oder cooler mit der Zeit. Nicht mal mein Mister Zuversicht. Fragen Sie meinen Mann.

Warum ich?

Ich lag also auf dem Untersuchungsstuhl und dachte mal wieder über die Frage nach, die sich wohl jeder stellt, den etwas ereilt – eine bedrohliche Krankheit, plötzliche Arbeitslosigkeit, der Verlust eines geliebten Menschen… Die Frage: »Warum ich?« Währenddessen untersuchte mich der Professor meines Vertrauens Egger. Anschließend schickte er mich zur Blutentnahme. Heute sage ich: Vergessen Sie dieses »Warum ich?« ganz schnell. Es führt zu nichts. Denn egal, weshalb man in eine solche Situation gerät – angebracht ist einzig die Frage: »Wie komme ich da wieder raus?« Oder wie in meinem Fall: »Wie komme ich mit dem Leben davon?«

Ich wusste in diesem Moment nichts, konnte nicht klar denken. Ich wusste nur: Wenn der Wert des Tumormarkers im grünen Bereich liegen würde, könnte ich beruhigt wieder nach Hause fahren und wäre wieder für drei Monate erlöst. So lang sind die Abstände der Nachuntersuchungen in den ersten Jahren nach einer OP. Nach fünf Jahren, so die landläufige Meinung, gilt der Krebs als besiegt. Weniger bekannt ist, dass auch nach sechs, sieben Jahren die Gefahr nicht völlig gebannt ist und der Krebs aus heiterem Himmel zurückkommen kann. Das ist es, was diese Krankheit so schrecklich macht.

Angstgegner SCC

Dieser Tumormarker war mein ganz persönlicher Albtraum. Schon eine Woche vor den Kontrollterminen konnte ich nicht mehr schlafen. Wir lagen dann zu dritt im Bett: Mein Mann, mein iPhone und ich. Ich wusste schon frühmorgens ziemlich genau über die ganze Welt Bescheid – bild.de und spiegel.de sei Dank. Sogar mit dem aktuellen Nikkei-Index konnte ich schon um halb sechs meinen Liebsten entzücken. An der Börse ist's wie überall im Leben: Es geht hoch und runter und auch mal ganz weit gen Süden. Und ich hatte das Gefühl, an meinem persönlichen Südpol angelangt zu sein.

Niemals in meinem Leben, nicht vor einer mündlichen Prüfung, vor keinem Examen und auch vor keiner Operation, die ich selbst durchgeführt habe, war ich so nervös gewesen. Höchstens bei der Geburt meiner Kinder. Nur ging es da ins Leben hinein, nicht aus dem Leben weg, einfach weg.

Drei Jahre lang lag der SCC-Wert bei den Kontrolluntersuchungen unverändert niedrig. Die Angst flaute ab, ich kümmerte mich um meine Kinder, meine Praxis und meine Patientinnen. Alles kam ins Lot, wurde wieder ganz normal. So wie das Haar nach der Chemotherapie wieder wächst.

DER GANZ REALE ALBTRAUM

Alarm aus dem Labor

Was ich nicht wissen konnte: Die Angst ließ mich nur vorübergehend aus ihren Klauen; eines Tages sollte sie zurückkehren. Der Tumormarker nämlich hatte sich auf mehr als das Doppelte erhöht. Da wurde ich körperlich ganz klein. Es war einer der Momente, die ich erst lange später mithilfe meiner Träume von Paris und Venedig aus meinem Gedächtnis gelöscht habe. Wirklich vollständig wahrscheinlich erst, als ich dann in der Wirklichkeit mit meinen Kindern oben auf dem Eiffelturm ankam und die Sterne sehen konnte. Alles, alles hatte ich durchgestanden, habe immer wieder aufbegehrt gegen das, was mein vermeintliches Schicksal war. Diese Haltung lege ich heute täglich den Patientinnen in meiner Arztpraxis ans Herz. Und dann das! Bitte nicht schon wieder! Nicht schon wieder diese Angst! Beim Blick auf den Anstieg des Tumormarkers setzte mein Herz fast aus. Der Krebs hatte mich offenbar wieder im Griff, und zwar ganz und gar. Er gönnte mir nicht das kleinste bisschen Gnade.

Ich biss mir auf die Lippen, schmeckte das Blut in meinem Mund. Ich war doch erst 37. Ich würde alles und alle verlieren. Meinen Mann nicht mehr sehen. Und was sollte aus meinen Kindern werden? Meine Große war damals acht, Konstantin gerade eingeschult worden, und die Zwillinge hatten ihren dritten Geburtstag gefeiert. Sie waren doch alle noch so klein und brauchten mich. Ich durfte jetzt nicht sterben. Nein und dreimal nein. Dem Krebs war das egal.

Der ganz reale Albtraum

Das war einer dieser Momente, in denen man sich nur eines auf der Welt wünscht: sofort aufzuwachen und den Kopf zu schütteln über einen schlimmen Traum. Um mich herum und in mir drehte sich alles.

Als Ärztin, die schon Hunderte von Krebspatientinnen betreut hat, bin ich bestens informiert: Ich glaubte zu fühlen, dass mein Körper von Metastasen durchsetzt war. Und ich würde erleben, wie meine Organe, meine Nieren, die Leber, die Lunge langsam versagen. Ich hatte also noch drei Monate Zeit, ungefähr... Drei Monate, um meine Dinge zu ordnen, den Kindern die Schulsachen für das nächste Schuljahr zu besorgen und mich von ihnen und von meinem Mann zu verabschieden. Dann hätten meine vier Kinder keine Mutter mehr, und mein Mann wäre alleine – mit unseren Träumen vom Glück. Unsere gemeinsamen Ziele und Wünsche für die Zukunft wären zerstört. Es würde ein langsamer Tod werden, ein quälend zäher Abschied. Ein kleiner Rest eines Lebens, das man nur noch unter starken Schmerzmitteln aushält und dennoch voller Wehmut verlässt.

Mein baldiger Tod war für mich in diesem Moment eine schlichte Tatsache, denn der außergewöhnliche Anstieg des Tumormarkers konnte nur eines bedeuten: Kein Mensch auf der Welt konnte mir nun mehr helfen. Kein Professor, keine Operation, keine Bestrahlung, keine Chemotherapie. Selbst mein Mann nicht. Nein, nicht einmal er, der niemals aufgab, der durchhielt, wo andere längst am Boden lagen, der immer kämpft bis zum Schluss. Auch er käme in diesem Fall an seine Grenzen, wäre diesem letzten aller Gegner nicht gewachsen.

Innerlich war ich wie zerbrochen, und auch äußerlich konnte ich mich nicht mehr aufrichten. So saß ich zusammengekrümmt auf meinem Bett, saß noch so da, als mein Mann zur Tür hereinstürmte. Als Stefan mich sah, schrie er nur: »Das kann nicht sein!« Ich war verzweifelt, wir waren verzweifelt. Alles würde wieder von vorne losgehen: Operation, Intensivstation, Chemotherapie. Und dennoch wäre alles nutzlos, würde nur den letzten Akt um wenige schmerzlich schöne Augenblicke mit meinen Lieben verlängern. Währenddessen würden wir es immer hören, es würde laut und lauter werden: das Rascheln des Vorhangs am Schluss…

Zu Tode betrübt – himmelhoch jauchzend

Das alles ging mir damals und auch noch lange Zeit danach durch den Kopf. Aber wie Sie sehen: Ich lebe noch! Wirklich und wahrhaftig. Um es kurz zu machen: Das Messgerät im Labor war nicht korrekt eingestellt worden, und deswegen lag der Wert so hoch! Was für ein unbegreifliches Glück für mich! Der Wert und damit meine Welt waren auch weiterhin in Ordnung!

Seitdem weiß ich ganz genau, wie sich die Hölle anfühlt, live und in Farbe. Wenn ich bis zu besagter Blutentnahme geglaubt hatte, meine bisherige Verzweiflung wäre nicht zu übertreffen, wurde ich eines Besseren belehrt. Inzwischen nehme ich nur noch hin und wieder meinen ganzen Mut zusammen und lasse mir von einer Arzthelferin in meiner Praxis das Blut abnehmen. Die Werte sind gut und stabil niedrig, und ich lebe. Das ist einfach ganz wundervoll, ein zweites Leben, ein Geschenk an mich und meine Familie!

Die Pflicht, stark zu sein

Einfach war das alles nicht durchzustehen. Ich bin nicht Superwoman. Man kann in einem solchen Moment nicht einfach tief durchatmen und sich mal eben einreden: »Ich schaffe das schon. Ich kann. Ich werde leben.« Man muss es vollauf und unbedingt wollen, muss selbst daran glauben. Unbedingt, das heißt wirklich, ohne eine Bedingung an das Wie und Warum zu stellen. Ohne Zweifel, nicht nur manchmal, sondern immer. Das hört sich banal an, und es ist banal. Leider ist es nicht immer einfach.

Der unerschütterliche Glaube ist aus meiner Sicht der Schlüssel zum Glück, der einzig gangbare Weg aus dem Tal. Denn wenn man den unbedingten Glauben aufbringt, es zu schaffen, reißt er einen heraus aus diesem Gefühl der Ohnmacht und Hilflosigkeit, das ja fast noch schlimmer ist als die Angst. Und nur dann kann man sich mit felsenfestem Willen dem Leben stellen. Ich sage bewusst: »dem Leben«. So abgeklärt es im ersten Moment klingt: Jede Krankheit und jede andere Art von Katastrophe ist in meinen Augen nichts anderes als eine makabre Spielart des Lebens. Und als solcher kann man der Katastrophe mit den gleichen Mitteln beikommen, die auch sonst zu einem gelungenen Leben beitragen. Deshalb heißt mein Buch »Mein Glücksrezept«. Es ist für das Leben allgemein ebenso gültig wie für Krisensituationen im Speziellen.

Von Haus aus hanseatisch cool

Meine Kindheit und Erziehung haben wahrscheinlich eine bedeutsame Rolle gespielt und mir ein gutes Rüstzeug mitgegeben, auch wenn ich in der Krise selbst sicher mehr von den Strategien meines Mannes und seiner speziellen Form der Penetranz profitiert habe. Vermutlich kam mir der distanzierte Umgang mit Gefühlen ziemlich zugute, den ich in meinem hanseatischen Elternhaus gelernt habe. Da ich das einzige Kind bin, kam ich in den vollen Genuss einer ziemlich elitären Erziehung, bei der es strikt vermieden wurde, etwas wie Trauer oder Begeisterung zu zeigen. Ich erinnere mich sehr gerne an meine Hochzeit, denke oft daran, wie fröhlich und gutgelaunt ich mein wunderschönes Outfit in Form eines Parade-Brautkleids besorgte.

Ich fühlte mich wie eine Prinzessin, begleitet von meiner Mutter, die weniger begeistert war von meiner geplanten Eheschließung in Franken. Sagen wir es so nüchtern. Schließlich waren wir Hamburger Bürgertum und ich mit mindestens einem Perlmuttlöffel im Mund geboren. Stefan ist – nun ja – ein Typ mit ausgeprägt fränkischen Wurzeln.

Vater, Mutter, die besseren Kreise …

Meine Mutter war Miteigentümerin des traditionsreichen Hamburger Spielzeuggeschäfts »Kinderparadies« am Jungfernstieg, dessen Angebot schon die Herzen von Sprösslingen aus der Onassis-Familie höher schlagen ließ. Auch Anne-Sophie Mutter, die berühmte Geigerin, und der Rocksänger Rod Stewart gehörten zu ihrer erlesenen Klientel. Ich kann mich erinnern, dass ich meine Mutter vor Weihnachten, dem Familienfest schlechthin, oft wochenlang kaum zu Gesicht bekam. Sie hat ihre Aufgabe sehr tüchtig gemacht, so gut sie es eben konnte. Ich war immer stolz auf sie, genauso wie sie auf ihre Kundschaft. Ob sie auch stolz auf mich war, weiß ich nicht. Wie gesagt: Über Gefühle redeten wir nicht; dafür war sonst für alles gesorgt.

Mein Vater war ein Herr der alten Schule. Er behielt immer die Contenance, war immer perfekt gekleidet und ein echter Gentleman. Er führte einen Bauindustrieverband, war sehr wichtig in jeder Hinsicht, und seine Meinung war gefragt – von Politikern, aber auch von der überregionalen Presse. Wenn mein Vater aus dem Taxi stieg, dann riss ihm ein Fahrer automatisch den Schlag auf. Er hat eine natürliche Autorität und imposante Erscheinung, gepaart mit Würde – old school eben. Das hieß auch: Selbst bei der Gartenarbeit war er adrett gekleidet mit Bügelfaltenhose, und sein schwarzer Schirm mit Bambusgriff war bei jedem Wetter ein unverzichtbares Accessoire. Mein Vater ist ein richtiger Herr, vornehm, beinahe unverschämt gebildet und äußerst wohlerzogen.

Höhere Tochter aus Hamburg

Wohlerzogen bin ich natürlich auch, und so sah ich auch lange Zeit aus: Faltenrock, Collegeschuhe mit Troddeln und dazu natürlich das obligatorische Samthaarband. Ich konnte perfekt gerade gehen, noch gerader sitzen, trank nie aus der Flasche und ließ mich nie, aber auch niemals gehen. So sahen Uniform und Benehmen der höheren Töchter aus. Zurückhaltung um jeden Preis. Und später am besten ein britischer Lord an meiner Seite oder auch ein Mediziner aus bester Familie. In feines englisches Tuch gehüllt und mit feinen englischen Manieren und nicht zu vergessen einem feinen englischen Auto in British Racing Green. Am Wochenende auf dem Golfplatz und abends in der gehobenen Londoner Szene unterwegs. Heute bin ich in Nürnberg mit einem waschechten Franken glücklich. Ist das nicht wundervoll?

Ich sehe mich heute noch als kleines Mädchen am Tisch sitzen, den Rücken durchgedrückt, die Schultern gerade, ein Buch auf dem Kopf. Nein, ich war nicht in Watte gepackt worden, auf keinen Fall, auch nicht als potenzielle Spielzeugparadies-Erbin. In unserer Familie galt die altpreußische Maxime der inneren Haltung um jeden Preis. Die gilt es zu wahren, auch wenn alles um einen herum einstürzt. Natürlich machte meine Mutter das nicht, um mich zu quälen, nein. Sie meinte nur, dass das Leben verdammt hart werden kann, und da ist es wenig hilfreich, wenn ich zu nahe am Wasser gebaut bin. Nun, in gewisser Weise war das eine ganz gute Vorbereitung auf das, was später kam …

HÖHERE TOCHTER AUS HAMBURG

Alles Gute, vor allem Gesundheit …

Ein Stückchen prophetische Vorbereitung war übrigens auch der gute Wunsch meines geliebten Vaters zu meiner Hochzeit Pfingsten 1994, den er – im Smoking vor unserem rostigen, aber rüstigen Hochzeits-Mercedes 123 kniend – auf selbigem mit einem Marker verewigte: »Gesundheit«.

Eine unvergessliche Szene. Er war überzeugt, dass einzig Gesundheit die Basis für das ganz große Glück sei. Ich blickte meinem Vater nach, wie er vom Kirchplatz schritt, und dachte nur: »Gesundheit? Das ist ja wohl das Selbstverständlichste der Welt. Wir sind schließlich jung und stehen am Beginn unseres Lebens. Was soll uns schon passieren, und warum wünscht er uns etwas, das wir schon so lange besitzen, ohne auch nur eine Sekunde darüber nachzudenken.«

Der Himmel voller Geigen

1994 hieß ich plötzlich nicht mehr Haber, sondern war von einem Tag auf den anderen eine Konstanze Kuchenmeister geworden. Es war eine hamburgisch-fränkische Liebe, wirklich wie im Film, schon mein neuer Name … nun ja. Eben eine Liebeskomödie.

Ich zog zum Medizinstudium nach Erlangen, und auf einer Studentenfete am Nürnberger Tiergarten ist es passiert. Du denkst dir nichts, und zehn Monate später stehst du unversehens vor dem Traualtar. Einfach so, noch als Studentin, einfach aus Liebe! Spontan, ohne Ehevertrag oder sonstiges Geplänkel. Ist das nicht wundervoll?

Nach unserer Traumhochzeit in Hamburg tuckerten wir in unserem alten, aber überaus robusten Diesel Baujahr 1976 in unser fränkisches Liebesnest am Stadtpark von Nürnberg.

DIE WELT VOLLER AUFGABEN

Es begleiteten uns mittlerweile um die hundert gute Wünsche, worunter die Gesundheit nur einer war. Ich studierte ja weiter in Erlangen, an einer renommierten Fakultät für Medizin, und war selbst mittlerweile ganz gut eingebayert. Wir hatten es sehr lauschig dort oben im vierten Stock unter dem Dach auf fünfzig Quadratmetern. Nicht ganz standesgemäß vielleicht, mit unserem Kohleofen und den Dachschrägen, aber wir liebten es.

Die Welt voller Aufgaben

Während ich Tag für Tag zur Uni fuhr, verbrachte mein frisch gebackener Ehemann viel Zeit als Youngster im Marktgemeinderat in Wendelstein am Stadtrand von Nürnberg. Da gab es allerlei zu tun – vom Bauausschuss über die Hauptversammlungen diverser Sportvereine bis hin zu den Kirchweihen von Röthenbach bis Neuses. Jeden Tag stand etwas anderes in seinem Terminkalender, und er war neben seinem Studium stets in der Kommunalpolitik engagiert. Wenn ich abends erschöpft heimkam aus meinen Vorlesungen und Seminaren, dann wollte ich oft nur die Füße hochlegen und mit meinem Liebsten unbesorgte Stunden verbringen. Tja, aber der schlug sich die Abende oft im Wendelsteiner Rathaus und in irgendwelchen Hinterzimmern um die Ohren. So viel zu unserem jungen Eheglück.

Mir wurde schnell klar, dass für Stefan die Politik eine wirkliche Herzensangelegenheit ist. Mein Mann ist hundertprozentig in allem, was er tut. Nie gibt er auch nur einen Millimeter vor dem Ziel auf. Manchmal ist das regelrecht nervig, doch es hat uns in den vergangenen Jahren ziemlich weit gebracht. Für ihn war seit seinen Teenagertagen das Gemeinwohl Anspruch und Aufgabe, und das verband uns schon damals, ihn als politischen Menschen und mich als Ärztin.

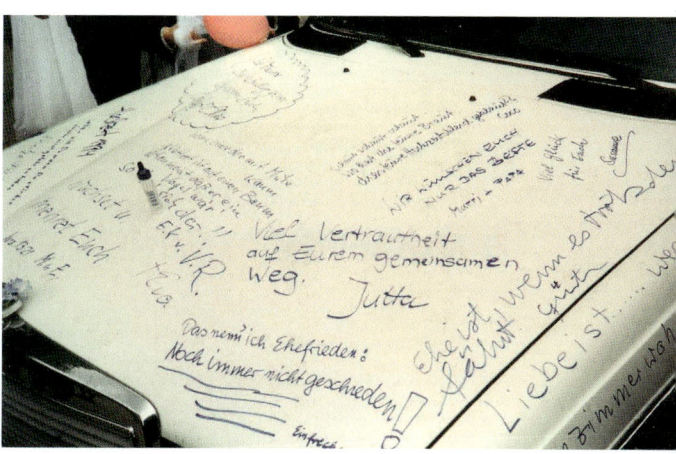

KAMPF DEM KREBS!

Wir waren jung, wir führten ein arbeitsreiches, engagiertes Leben. Manche mögen das nicht gerade romantisch finden, aber uns hielt eben auch und gerade diese Energie zusammen und machte uns glücklich. Und Zeiten zu zweit nahmen wir uns natürlich auch… Wir wollten beide die Welt verändern, jeder auf seine Weise einen Beitrag dazu leisten, dass sie nach uns ein klein wenig besser wäre als heute.

Kampf dem Krebs!

Seit Jugendjahren träumte ich davon, eine Impfung gegen Krebs zu entwickeln. In den Siebzigern galt das noch als Schnapsidee. Inzwischen gibt es tatsächlich erste Impfungen gegen Krebs. Ist das nicht wundervoll? Zu verdanken haben wir das auch dem deutschen Mediziner Professor Harald zur Hausen, der just in den Siebzigern schon daran forschte und 2008 den Nobelpreis dafür bekam. Solche Helden brauchen wir, in der Medizin ebenso wie in der Politik, in der Physik, in der Genforschung und überall als Vorbilder für die nächste Generation.

Ich weiß noch wie heute, wie Stefan und ich uns 1993 über eine Impfung gegen Krebs unterhielten; er half mir gerade, meine schäbige Londoner Studentenbleibe zu renovieren. Er hielt mich für naiv, für eine weltfremde Träumerin. Ich antwortete darauf, dass schon die theoretische Möglichkeit, eines Tages könnte es einen solchen Impfstoff geben, es wert sei, sich mit diesem Gedanken auseinanderzusetzen. Ich sagte, dass es mir egal ist, ob die Idee erst in der übernächsten

Generation Realität wird, dass es mich nicht kümmert, wenn sie heute als Spleen einiger weniger dem Spott der Wissenschaft preisgegeben ist. Dass ich all das in Kauf nehme für die Chance, dass ein anderer oder ich einen solchen Impfstoff irgendwann findet. Viele Jahre später hat Stefan mir gestanden, dass er ab diesem Moment wusste, dass ich die Frau bin, mit der er sein Leben teilen wollte. Und so ist es dann ja auch gekommen.

Dass Professor zur Hausen und andere Forscher bereits lange an der Entwicklung dieses Impfstoffes arbeiteten und dass dieser heute, bald 20 Jahre später, in meiner Arztpraxis zu meinen Routinebehandlungen bei jungen Frauen gehört, war noch nicht absehbar. Es gab anfangs noch keine Studien, die den Erfolg belegen konnten.

Unsere Visionen, die wir mit Leidenschaft verfolgten, prägten unsere frische Studentenliebe. Stefan kämpfte für eine Verbesserung der lokalen Infrastruktur, und ich wollte – sobald ich Ärztin wäre – für Frauen kämpfen und ihnen Mut machen, wenn es ihnen schlecht ging, wenn sie krank waren oder sich am Ende fühlten.

es, am Leben und am Glück anderer Frauen »mitzuwirken«, ihnen zum Beispiel zu einer Schwangerschaft zu verhelfen und sie in den Monaten vor der Geburt zu begleiten. Die unzähligen Geburten, die ich selbst betreut habe, waren sehr bewegend. Es ist jedes Mal wieder eine überwältigende Erfahrung, ein unbeschreiblicher Moment des Glücks, einem Baby in die Welt zu helfen.

Und dann gab und gibt es auch diese großartige Erfahrung, mit Operationen Leben retten zu können – Operationen gegen die Geißeln der Frauen – besonders Brust- und Gebärmutterhalskrebs.

Ich kann mich noch an das Gespräch mit meinem Mann erinnern, als ich ihm von meiner Entscheidung für die Frauenheilkunde berichtete und ihm erklärte, was diese Tätigkeit alles umfasst. Und ja, ich habe das Glück, immer wieder Zeuge eines Wunders, vieler Wunder zu sein, wenn ich einer Patientin beispielsweise bestätige, dass sie mit ihrem Wunschkind schwanger ist oder wenn ein Kind gut auf die Welt kommt.

Kinder oder Karriere? Natürlich!

Ich habe ein anspruchsvolles Studium gewählt und mich früh für die Gynäkologie entschieden. Und ich wollte in diesem Beruf arbeiten, obwohl klar war, dass wir selbst Kinder haben wollten. Mich fesseln die Schicksale von Frauen, ihre Lebensgeschichten. Ich bin mit Haut und Haaren Frau, und ich liebe

Es ist jedes Mal wieder eine überwältigende Erfahrung, ein unbeschreiblicher Moment des Glücks, einem Baby in die Welt zu helfen.

Eine große, ernste Aufgabe

Wir Ärzte sind natürlich Hoffnungsträger, wenn es darum geht, Patientinnen sorgfältig auf eine schwierige Krebsoperation vorzubereiten. Mein Mann fragte mich, ob ich mir das wirklich zutraute, Frauen bei solchen Grenzerfahrungen beizustehen. Und ich war auch damals schon voller Zuversicht und Courage. Ich habe meine Entscheidung bis heute nicht einen Tag lang bereut.

Ich begann 1995 im Klinikteam meinen Dienst als Stationsärztin, bewältigte dramatische Klippen im Kreißsaal und half Frauen, wo ich konnte. Als Frauenärztin ist man so nah dran am Geschenk des Lebens und zugleich doch mit dem Sterben und dem Tod konfrontiert.

Mein Plan war, so lange weiterzumachen, bis ich meinen Facharzt unter der Ägide von Professor Egger geschafft hätte, und erst danach selbst Kinder zu haben – viele Kinder. Als Gynäkologin konnten mir schon aus professionellen Gründen keine Verhütungsfehler unterlaufen, dachte ich …

Unverhofft kommt oft

Aber leider sind auch wir Frauenärztinnen in erster Linie Frauen. Wir sind eben keine Göttinnen in Weiß, sondern Menschen aus Fleisch und Blut: Und so stand ich im Badezimmer, damals 1998 mit meinen 29 Jahren, und hatte einen Teststreifen in der Hand, weil, ja weil mir da etwas merkwürdig vorgekommen war. Wie gebannt starrte ich darauf und sah zu, wie er sich verfärbte. Die anschließende Blutprobe, die ich zur Sicherheit und wegen der Geheimhaltung lieber selbst vornahm, brachte dann endgültig Gewissheit: Ich war schwanger. Mein Mann würde vor Freude an die Decke springen. Er träumte ja schon immer von einer großen Kinderschar – so wie ich selbst, seit ich ein kleines Mädchen gewesen war.

Tja, nur war leider der Zeitpunkt denkbar ungünstig. Und überhaupt – was würde Professor Egger sagen, jetzt, nachdem er mir diesen begehrten Ausbildungsplatz nach dem Studium organisiert hatte? Einen Platz, den ich mir selbst so gewünscht und für den ich so hart gearbeitet hatte! Was würde er sagen, wenn ich ihm unter die Augen treten und verschämt gestehen würde, dass ich – ein aufstrebendes Talent unter seinen Studenten –, dass ausgerechnet ich schwanger war? Karrieretechnisch war das ganz unklug.

Aber der große Herr Professor lächelte mich an und gratulierte mir von Herzen. Er nahm sich aber fast gleichzeitig die Freiheit, so lange wie möglich über meine Dienste zu verfügen, und ich willigte von Herzen gerne ein.

Volle Kraft voraus

Ein Schonprogramm war das Weitere für mich natürlich nicht gerade. Und ich bin wie gesagt mit einem sehr aktiven, engagierten Mann verheiratet. Zeitgleich mit meiner ersten Schwangerschaft erlebte er einen Karriereschub: Einer der wichtigsten Männer Deutschlands in Sachen Gewerbeimmobilien, Graf von Thun, berief ihn in die Geschäftsleitung. So ein Angebot gibt es in der ganzen Branche

DAS DICKE ENDE

Plötzlich trat etwas völlig Unvorhergesehenes, nicht Planbares in mein Leben, und so musste ich die Bremse ziehen, ob ich wollte oder nicht.

nur alle Jubeljahre mal. Für Stefan war dabei von Vorteil, dass er in Sachen Gesellschaftsfähigkeit in solchen Kreisen getrost auf die Früchte meiner Erziehung zurückgreifen und diesmal ich ihn coachen konnte. Und so war langsam Schluss mit dem bunten Studentenleben und den charmanten Provisorien. Mein Mann bezog im Auftrag des Grafen ein Marmorbüro mit edlen Teppichen und gerahmten Segelschiffen und fuhr seither in einem nagelneuen Mercedes durch die Welt.

Alles wie im Bilderbuch

Es war alles einfach perfekt – oder so gut wie perfekt. Sie werden lachen, aber wir waren fast wie eine dieser Vorzeigefamilien in der Margarinewerbung, bis dato allerdings nur als Pärchen. Meine Schwiegermutter strickte verschiedene Babyensembles für jede Lebenslage und jede Witterung, mein Schwiegervater fantasierte darüber, wie er als ehemaliger Bundeswehr-Bademeister dem oder der Kleinen das Schwimmen beibringen und es auf die Seepferdchen-Prüfung trainieren würde. Meine Eltern freuten sich ebenfalls auf ihr erstes Enkelkind, auch wenn ich vor dem Abschluss meiner Facharztausbildung schwanger geworden war.

Stefan sorgte unermüdlich für uns und unser Wohlergehen, indem er seine Karriere vorantrieb, und ich arbeitete mit immer runder werdendem Bauch meinen OP-Pflichtenkatalog ab, der es in sich hatte. Denn neben reichlich theoretischem Wissen musste man auch an die hundert unterschiedliche Operationen vorweisen, die man selbstständig durchzuführen hatte. So lief im Sommer 1999 alles geradezu rund bis zur 28. Schwangerschaftswoche. Auf einmal bekam ich deutliche, unmissverständliche Wehen, die leider – das war mir als Frauenärztin allzu schnell klar – nichts mehr mit harmlosen Vorwehen zu tun hatten.

Das dicke Ende

Ich hatte mich extrem überlastet und bekam nun die Rechnung dafür präsentiert. Es war Sommer und draußen glühend heiß; welches Baby im Bauch hätte da nicht gestrampelt? Und in meinem Beruf ist man natürlich viel auf den Beinen; mehr als einer Schwangeren guttut. Ich hatte mich darüber nie beklagt. Die Schwangerschaft ist keine Krankheit. Das sage ich meinen Patientinnen auch immer. Sie ist ein völlig natürlicher Zustand, während dessen man durchaus und ohne Probleme seinem Tagwerk nachgehen kann.

Nur war ich jetzt sehr besorgt um den kleinen Spatz in meinem Bauch.
Allerdings bin ich eben ein sehr zielstrebiger Mensch und lasse mich ungern vom Weg abbringen. Aber nun warf es mich doch aus der Bahn. Plötzlich trat etwas völlig Unvorhergesehenes, nicht Planbares in mein Leben, und so musste ich die Bremse ziehen, ob ich wollte oder nicht. Und das bei meinem vorbildlichen Lebenswandel, wie ich fand: Ich hatte nicht zu viel zugenommen, ernährte mich ausgewogen, trank keinen Alkohol und rauchte nicht. Es war gemein, fand ich. Ich hätte nur so auf den Boden stampfen können. Trotzdem musste ich es durchstehen, beruhigte den Fratz in meinem Bauch und vertröstete ihn auf Dienstschluss. Dummerweise bekam ich mitten in einer OP so starke Wehen, dass ich – preußische Disziplin hin oder her – dem Ärzteteam nichts mehr vormachen konnte und auch Professor Egger aufmerksam wurde. Er verfügte streng: »Ab ins Bett!«, während ich mich vor Schmerzen krümmte. Und er hatte ja recht: Eine Frühgeburt birgt enorme Risiken.

Der Widerspenstigen Zähmung

Aber ich weinte vor Wut, und mir liefen die Tränen übers Gesicht – nicht vor Schmerz, nein nein. Ich wollte meinen Professor von dieser – wie ich fand – unsinnigen Idee abbringen, weil ich bis zur nächsten Prüfung noch möglichst viele Operationen mit Baby im Bauch absolvieren wollte. Mir war klar, dass sich das natürlich nicht mehr so einfach gestalten würde, wenn mein Kind auf der Welt wäre. Aber er blieb streng und schickte mich in ein Einzelzimmer, damit ich, wie er sagte, mit meiner Rastlosigkeit nicht noch andere Schwangere verrückt machen würde. Das OP-Team war fassungslos, weil ich als cooles Hamburger Mädel galt, extrem tough. Nun lag ich in meinem vom Professor verordneten Einzelzimmer und musste erstmals ein Gefühl erleben, das mir bis dato fremd war: Hilflosigkeit und Ohnmacht. Ich lag auf meiner eigenen Station – als Patientin. Und zwar als eine, die für die nächsten Wochen zur unbedingten Bewegungslosigkeit verdammt war.

Rollentausch und Zwangspause

Eben noch Ärztin, im nächsten Moment Patientin, dieser Einschnitt war nicht einfach für mich. Von der Handelnden zur Behandelten zu werden, bedeutet Kontrollverlust. So etwas ist kein Spaß. Weil ich vom Fach bin, wusste ich, welche Maßnahmen die Kollegen einleiten und welche positiven wie negativen Folgen diese haben konnten. Dazu kommt, dass ich es als Ärztin gewohnt war, auch in Stresssituationen alles im Griff zu haben. Das war und bin ich meinen Patientinnen schuldig. Als Arzt musst du Ruhe bewahren und darfst niemanden verrückt machen. Damals aber stand ich selbst mächtig unter Strom. Und wenn ich daran denke, wie ich mich geniert habe, meine Bettpfanne zu benutzen… Aber es half nichts, und im Nachhinein betrachtet hat es mir nicht geschadet, ans Bett gefesselt und gezwungen zu sein »runterzukommen«.

Alles im Leben hat seinen Sinn

Die Situation war eine Gelegenheit zum Innehalten. Sie hat mich geerdet. Und außerdem war das alles ja noch harmlos gegen den wirklichen Kampf um mein Leben ab 2004, also erst fünf Jahre später.
Ich denke, dass man in solchen Situationen auch einen Sinn finden kann, wenn man nur möchte – und sich genug Zeit lässt. In solchen Momenten muss man sich besinnen auf das, was einem wirklich wichtig und wesentlich ist. In gewisser Weise fühlt es sich an wie ein Filmriss. Die Zeit bleibt stehen, und die eintretende Leere fordert einen auf, in sich zu gehen, sich zu prüfen: »Ist dein Weg richtig? Stimmt das, was du tust, wirklich mit dir und deinen Zielen überein oder musst du deine Strategie ändern? Ist das, was du machst, deine Leidenschaft? Machst du es wirklich gerne?« So in der Art.

Ein Unglück kommt selten allein

Hinzu kam dann noch der Autounfall meines Mannes nur sechs Tage vor der Geburt unserer Tochter. Stefan hätte bei der Heftigkeit der Überschläge innere Blutungen erleiden können, das Gehirn hätte geschädigt werden

können, er hätte für den Rest seines Lebens ein Pflegefall sein können. Und auch bei mir hätte die extreme Frühgeburt mit allen damit verbundenen Risiken anders ausgehen können. Hätte, würde, könnte… Nein! Letztlich haben wir dann doch unbeschreibliches Glück im Unglück gehabt. Und so sahen wir die Situation auch als eine vom Schicksal verordnete Zwangspause, die uns unruhige Geister zum Innehalten und Überlegen brachte. Wir redeten viel über das Jetzt und das Morgen, über uns und wie sich das Leben in einem Augenblick jederzeit ändern kann. Ein amüsantes Bild muss das gewesen sein, wie mein humpelnder, unfallversehrter Mann seine hochschwangere Liebste und ihren Bauch im Rollstuhl an blühenden Rosenrabatten vorbei durch den Neumarkter Krankenhausgarten schob. Alles war wieder gut, bis ich plötzlich die heftigsten Wehen bekam. Das waren keine Senk- oder Vorwehen, geschweige denn Eröffnungswehen. Ich dachte, es zerreißt mich.

Es ist soweit

Stefan schaltete sofort auf Hebammen-Autopilot um und gab mir weise Ratschläge: in den Bauch atmen, ruhig bleiben und daran denken, dass der eigentliche Geburtstermin doch erst in vier Wochen war. Das geschah, während er humpelnd und schnaufend den schweren Rolli durch den Kies gen Krankenhauseingang schob. Die Situation war so furchtbar, dass ich ihm am liebsten nur zugerufen hätte, er solle doch bitte die Klappe halten. Nur war es bei mir mit Sprechen nicht so weit her in diesem Moment. Wer einmal im Sitzen, eingequetscht in ein schmales Stühlchen, heftige Geburtswehen durchgemacht hat, weiß, wovon ich rede. Währenddessen versuchte mich mein lieber Mann mit Themen wie anstehenden Bauprojekten vom Geschehen abzulenken, brachte mir seine Überlegungen zur Herkunft des so sprechenden Wortes »Wehen« nahe und beruhigte mich ächzend, dass ja bis jetzt noch jedes Kind auf die Welt gekommen sei. Mit meiner Contenance war es auf jeden Fall vorbei.

Im Kreißsaal waren passenderweise schon die Lichter aus, und mein Mann verstummte das erste Mal vor Schreck und Sorge, bat mich allerdings gleich darauf, die Geburt doch noch um einen, zwei Tage hinauszuzögern – unserer Maus zuliebe, für die das so wichtig sei. Ich hatte ihm nicht beigebracht, dass es die Kinder sind, die die Geburt einleiten und nicht die Mütter… Nun denn: Im Kreißsaal stand glücklicherweise meine Lieblingsheb-

amme, die zunächst noch ein paar Ermahnungen für mich bereithielt, da mein Muttermund offenbar bereits weit offen war und ich schon früher hätte vorstellig werden sollen. Kurzum: Am 9. September 1999 wurde unsere Tochter Catherine geboren. Und das war der bis dahin schönste Moment in meinem Leben. Wir strahlten vor reinstem Glück. Es war für mich eine Riesenbelohnung für die Entbehrungen und Sorgen während der Problemschwangerschaft und ein Trost für die Ängste um Stefan.

Jetzt geht's bergauf

Nun konnte eigentlich alles nur noch besser werden. So dachten wir uns das. Wir stellten uns dem neuen Alltag mit unserer Mini, an der zwar alles so war, wie es sein sollte, die aber wegen ihres Schiefhalses noch ein paar Einheiten Gymnastik brauchte. So war ich die erste Zeit damit beschäftigt, mit unserer Kleinen mehrfach täglich Vojta-Gymnastik zu machen, eine wahrhaft qualvolle Angelegenheit, die uns beiden oft die Tränen in die Augen trieb. Als das geschafft und unsere Kleine im Lot war, durften wir uns aber noch nicht ausruhen.

Es folgte ein Umzug, diesmal nach Bayreuth in eine Wohnung auf dem Flachdach eines Lidl-Marktes, den der Graf erbaut hatte. Über unserer Wohnung mit einer riesigen Dachterrasse und Aussicht auf den Parkplatz waren noch die Büros des Grafen, seiner Frau und das meines Mannes. So sahen wir uns gelegentlich auch mal untertags, und ich hatte es wirklich nicht weit zum Einkaufen. Ich musste nur einen Stock tiefer gehen.

Der ganz normale Ausnahmezustand

Soweit das Leben für eine junge Mutter amüsant sein kann, war der Neuanfang eigentlich ganz gelungen: dauermüde, im Schlabberlook, mit Still-BH und Augenringen, immer hinter einen Kinderwagen geschirrt, den ich manchmal nur zur Unterhaltung bei entspannender Hintergrundmusik durch den Lidl schob.

Es war das ganz normale Leben einer jungen Familie – gut, vielleicht nicht ganz normal, wenn man unser Umfeld betrachtet: oben der Graf, unten der Lidl.

Ich bin jetzt jedenfalls ziemlich fit in Sachen Warensortiment, besonders was Drogerieartikel anbelangt. Na, und acht Monate später kündigte sich erneut Nachwuchs an. So ist das, wenn der Mann im selben Gebäude arbeitet und tagsüber schon mal kurz bei seinen Liebsten vorbeischaut… Konstantin war also unterwegs.

Als akademische Hausfrau wusste ich, dass alles im Leben seine Zeit hat, Karriere und Kinder. Und letztlich ist es wirklich so: Wenn man sich als gut ausgebildete Frau auch noch Kinder wünscht, sollte man sich tunlichst darauf einrichten, dass das meiste doch an einem selbst hängen bleibt, während die Väter draußen im Karrierewettlauf sind. Das trifft vor allem auf die Frauen zu, die eine Neigung zu vorzeitigen Wehen haben und deshalb von Anfang an langsam tun müssen, damit der Embryo gesund heranwächst. Das war schon ein kleines Kunststück, vor allem in Anbetracht der Tatsache, dass Mini zu dieser Zeit gerade ins Krabbalter kam und vor Unternehmungslust nur so sprühte.

Reduziert auf die Glucke

Es war wirklich frustrierend. Ich hatte doch so viele Fähigkeiten, die jetzt brachlagen. Dafür war ich täglich im Bilde über die Sonderangebote beim Discounter. Beim besten Willen, das war doch nicht mein Leben! Was war aus meinen Träumen von der Impfung und der großen weiten Welt geworden? Jetzt saß ich hier auf dem Lidl-Dach in Bayreuth. Wagner hin oder her – für mich waren es keine Festspielwochen. Ich wollte wieder arbeiten und anderen Frauen beistehen, denen es wirklich schlecht ging. Und ich wollte eine gute Mutter sein. Ich wollte mich einfach nicht damit abfinden, dass alles, was ich noch konnte außer Windelwechseln, Breichenwärmen und mit meinen zwei Kindern spielen, passé und nicht gefragt war.

Außerdem wollte ich ja durch meine medizinische Arbeit dabei helfen, den Krebs auszubremsen, ja, ihn zu besiegen. Die Idee einer Impfung gegen Krebs hat mich bis heute nicht losgelassen. Sie ist meine berufliche Leidenschaft, und ich freue mich, dass mich jeden Tag Patientinnen von sich aus auf die Möglichkeiten einer erweiterten Vorsorge und Impfung ansprechen.

Das Leben nehmen, wie es kommt

Ich bin überzeugt, dass das Leben kein langer, ruhiger Fluss ist – nicht mehr und nicht weniger. Würde ich glauben, dass das Leben kompliziert und unübersichtlich ist, dann würde ich damit Gedanken zulassen, die mich lähmen. Ich schätze deshalb Klarheit, Geradlinigkeit und gute Organisation, wenn das Leben, also der Fluss, mal wieder eine besondere Schleife einlegt. Friede, Freude, Eierkuchen waren bei uns nie wirklich angesagt, auch wenn wir zwischen den Tiefen immer wieder Höhen erlebt haben.

So entschied sich mein Mann in seinem Sabbat-Jahr 2001 für den Weg in die Selbstständigkeit in seinem Traumberuf zwischen Politik und Wirtschaft. Zehn Jahre später kann man ihn dazu nur beglückwünschen, denn es waren außergewöhnlich erfolgreiche Jahre für seine Firma. Mit Anfang bis Mitte 30 hatten wir nun eine sehr schöne Zeit. Wir waren gesund und glücklich mit unseren beiden Kleinen.

Da klingelte eines schönen Tages das Telefon, und Professor Egger, mein Mentor und Lehrer, war am Apparat und fragte kurz und bündig, ob ich mein letztes Facharztjahr nun bei ihm absolvieren wollte. Ich hatte gerade eine Zahnspange zu Korrektur eines Überbisses bekommen und sah aus wie eine jugendliche Praktikantin. Wenn ich redete, nuschelte es aus mir heraus. Aber es gibt, wie ich heute weiß, Schlimmeres. Gar kein Vergleich.

Ein Umzug bringt mich nicht mehr aus der Ruhe, auch nicht der damalige in die Oberpfalz in die Nähe der Klinik. Für mich begann nun die Fortsetzung meines Ausbildungsmarathons in meiner Heimatklinik, die für viele angehende Gynäkologen das Karrieresprungbrett schlechthin ist. Seit knapp zehn Jahren bastelte ich nun an meiner frauenärztlichen Karriere. Jetzt schaffte ich eine Pflicht-OP nach der anderen. Meine spärliche Freizeit füllte ich mit Lernen und der schmerzhaften Kiefer-OP zur Korrektur meines Überbisses. Dann endlich bewarb ich mich 2003 zur Facharztprüfung in München. Mein Thema: Die verschiedenen Tumorerkrankungen, ihre Behandlung und die Wiederherstellung der Patientinnen.

Mein Thema: Krebs

Tatsächlich dachte ich in dieser Zeit, obwohl es wie immer sehr arbeitsreich und trubelig war, noch über ein drittes Kind nach. Ich wollte meinen Jugendtraum von der Großfamilie verwirklichen. Stefan und ich hatten uns schon zu Londoner Zeiten eine ganze Kinderschar gewünscht. Dass ich während meiner mündlichen Facharztprüfung, in der es vor allem um das Thema Gebärmutterhalskrebs ging, schon wieder schwanger war, wusste ich noch nicht. Ich hatte zugleich Tumoren in meinem Unterleib und in meinem Kopf und Zwillinge im Bauch! Doch ich referierte entspannt aus dem Stand, »präzise und korrekt«, wie meine Prüfer feststellten, mein gynäkologisches Fachwissen. Nachdem die Prüfer zum Abschluss der bestandenen Prüfung noch freundliche Worte mit mir gewechselt hatten, fragte mich eine Dame aus dem Prüfungskomitee, ob mein großes Engagement für die Erforschung von Gebärmutterhalskrebs private Gründe hätte und ob wohl jemand aus meiner Familie davon betroffen sei. Da konnte ich guten Gewissens abwinken. Mein Gott. So wenig ich zu diesem Zeitpunkt wusste, dass ich mit Zwillingen schwanger war, so wenig war mir bewusst, dass der Krebs bereits tief in mir war.

Auf zu neuen Taten!

Nach diesem beruflichen Etappenziel hatte ich im Sommer 2003 zu guter Letzt alles beieinander: Nach der Approbation als Ärztin und meiner Promotion war ich nun am Ziel meiner Ausbildung zur Fachärztin für Frauenheilkunde und Geburtshilfe. Es waren bald 15 Jahre vergangen, seit ich mich 1989 nach Nürnberg und Erlangen auf den Weg gemacht hatte. Und zwei Kinder hatte ich ja obendrein bereits am Start ...

Jetzt nach der Ausbildung stand ich beruflich am Scheideweg und wusste doch intuitiv, wie es weitergehen sollte. In Hamburg hatte ich schon als 12-Jährige am Elbstrand meine zwei großen Lebensträume entwickelt: kein Pferd, sondern mit einem beherzten und couragierten Mann eine große Familie gründen und eine eigene Arztpraxis führen.

Bayern hatte ich damals noch nicht gesehen beim Blick auf den Hamburger Hafen, die Elbe und die weite Welt. Und auch nicht die dunklen Wolken über meiner Zukunft.

Entscheidungen sind das A und O

Wir sind ein unternehmungslustiges und entscheidungsfreudiges Paar. Wenn du deine Leidenschaft gefunden hast, dann musst du auch etwas dafür tun. Nichts kommt von alleine. Wir leben ohne die Wörter »vielleicht« und »aber«, ohne »Ich müsste etwas ändern« oder »Ich sollte mal…« Wir tun es einfach! Weil es sein muss. Eventuell, gegebenenfalls, möglicherweise… wenn dieses Vokabular die Oberhand gewinnt, ist schon etwas verloren. Es geht immer um Ihre eigene Entscheidung jetzt. Ohne wenn und aber. So funktioniert es bei mir, und so funktioniert es auch bei Ihnen. Besonders in Krisenzeiten funktioniert die Umsetzung von Zielen genau auf diese Art. So entwickelte ich gemeinsam mit meinem Mann die Zielsetzung meiner Jugendtage weiter, die mich seither immer bei der Stange gehalten hatte. Und das Ziel war: Meine eigene Arztpraxis führen.

Wenn ich die Augen schloss, sah ich in Gedanken vor mir geduldig wartende Patientinnen, die nur von mir behandelt werden wollten. Das Telefon läutet von früh bis spät. Es ist Hochbetrieb, aber auf eine angenehme Art und Weise. Die Praxis ist stilvoll eingerichtet, mit Stuck an Wänden und Decken. Meine Arzthelferinnen lesen den Patientinnen ihre Wünsche von den Augen ab: Kinderwunsch, Vorsorgeuntersuchungen, das ganze Programm. Schwangere kommen von überall her. Auch elegante Damen, jung und alt, die mich an meine Hamburger Kindheit und Jugend an der Außenalster und das Foyer im Hotel Vierjahreszeiten erinnern.

Endlich am Ziel: die eigene Praxis

Dieser Wunschtraum aus meiner Jugend hat sich tatsächlich erfüllt. Das war im Jahr 2003. Und wissen Sie was? In Wirklichkeit ist es noch besser als in meinen Träumen! Mir wird heute sogar von Kollegen bescheinigt, dass ich mein Metier hervorragend beherrsche. Ist das ein Wunder mit vier Kindern und Überleben nach Krebserkrankung? Heute weiß ich eben darum Dinge, die in keinem Lehrbuch stehen. Allerdings wussten wir zum Zeitpunkt des Praxisübernahmevertrages im Herbst 2003 noch nicht, dass ich Zwillinge im Bauch hatte und damit dann bald vier Kinder unter fünf Jahren. Dann hätte ich mich sicher nicht auf das Abenteuer Selbstständigkeit eingelassen… Dass zusätzlich auch noch der Krebs schamlos in mir um sich griff, wusste ich schon gar nicht. Und so brachte ich am ersten Tag in meiner neuen Praxis eine weitere gute

Wenn du deine Leidenschaft gefunden hast, dann musst du auch etwas dafür tun. Nichts kommt von alleine.

TIEFES WÜNSCHEN, STARKE VORSTELLUNGSBILDER

Nachricht mit nach Hause: Baby Nummer drei und vier waren auf dem Weg.
Und wirklich gestaltete sich diese Zeit äußerst positiv. Meine Patientinnen machten die Erfahrung, wie es ist, zu einem weiblichen Frauenarzt zu gehen, mit dem man über alles und jedes diskutieren und sprechen kann. Mein wachsendes Bäuchlein wirkte als zusätzliche vertrauensbildende Maßnahme, nach dem Motto: Frau Doktor ist auch nur ein Mensch und bekommt wie jede andere Frau auch Kinder. Es war eine sehr glückliche Zeit.

Die ersten Anzeichen

Zunächst einmal lief alles normal bis zur 32. Schwangerschaftswoche. Da wollte ich die Länge meines Muttermundes prüfen lassen – eine Routineuntersuchung insbesondere bei Frauen, die zu vorzeitigen Wehen neigen. Zu Professor Egger konnte ich nicht gehen. Ich hatte ihn enttäuscht, weil ich meine eigene Praxis eröffnen wollte, anstatt weiter bei ihm zu arbeiten. Ihm konnte ich nun unmöglich unter die Augen treten. Ich fuhr also ins benachbarte Klinikum. Die Ärztin dort stellte zu meinem großen Missfallen dann auch wieder vorzeitige Wehen fest. Sie bemerkte wohl auch, dass mit meinem Muttermund etwas nicht stimmte. Er hatte eine andere Struktur als bei einer gesunden Mehrfachmutter in diesem Schwangerschaftsstadium und war derber als erwartet. Die Oberfläche sah wild aus. Eine Patientin mit einem solchen Befund lässt sofort sämtliche Alarmglocken bei mir schrillen. Bei mir selbst habe ich es einfach ausgeblendet. Ich kam gar nicht auf den Gedanken, dass etwas nicht stimmen könnte, und konzentrierte mich ganz auf die vorzeitigen Wehen. Ich beschloss also, nicht kampflos aufzugeben, schließlich warteten jede Menge Patientinnen in Schwabach auf mich.
Ich wusste immer noch nicht, dass ich an Krebs erkrankt war. Woher auch? Ich ging brav für die letzten Wochen in eine Klinik – aus besagtem Grund leider nicht in meine vertraute Klinik nach Neumarkt – und erledigte die Organisation rund um meine Praxis vom Bett aus, während ich auf unsere Zwillinge wartete. Für mich stand fest, dass dies wirklich meine letzte Schwangerschaft war. Wenn die Sehnsucht stark wurde, dann träumte ich mich ans Ziel, wie ich es immer gemacht hatte, wenn »Ende der Fahnenstange« war: Ich träumte, wie ich meine gesunden Zwillinge im Arm halten und stillen würde, wie die Großen daneben auf dem Sofa sitzen und ihnen behutsam die Köpfchen streicheln würden. Stefan schob mir liebevoll ein Kissen in den Rücken und gab mir einen zärtlichen Kuss. Ich wusste, dass ich das mit vier Kindern und Arztpraxis schon schaffen würde. So deutlich sah ich das alles vor mir.

Tiefes Wünschen, starke Vorstellungsbilder

Mein Mann weiß immer, was er will, und gibt niemals auf, bevor er es erreicht hat. Dieses intensive Wünschen, diese starken positiven Traumbilder habe ich von ihm gelernt. Sie halfen mir immer, wenn eine Situation kritisch wurde oder ich mich ohnmächtig fühlte. Manchmal ist Stefan wirklich unerträglich. Bisweilen sagt er mir, dass er zu 90 Prozent in

> *Man nimmt das Gefühl vorweg, wie es sein wird, wenn man das Ziel erreicht haben wird, wenn man gewonnen haben wird, was man sich wünscht.*

Man darf sich nie-, niemals als Opfer der Umstände fühlen, sondern muss immer handlungsfähig bleiben. Das ist leichter gesagt als getan, wie wir alle wissen. Ich erläutere später, was ich damit meine und wie es gelingt, in einer solchen Situation Oberwasser zu behalten.

Das Schicksal nimmt seinen Lauf

Ich lag also in der Klinik und wurde zu einer Routineuntersuchung gebracht, bei der eine Kollegin feststellte, dass einer meiner Zwillinge einen Nierenstau hatte. Das hieß, dass der Kleine zusammen mit seinem Schwesterchen so schnell wie möglich auf die Welt geholt werden musste. Ich war nun bereits in 35. Woche schwanger, und so war eine Kaiserschnittentbindung geboten. Außerdem hatte ich so ein unbestimmtes, ungutes Gefühl…

So besorgniserregend für unseren Knirps diese Komplikation war und so gerne ich die Zwillinge wie meine beiden ersten Kinder normal entbunden hätte – der Kaiserschnitt war diesmal aus medizinischer Sicht erste Wahl. Noch dazu wären sonst mehr Krebszellen in meine Blutbahn gelangt. Das ist für eine Frau mit einem Gebärmutterkarzinom der worst case. Denn dann lässt sich der Krebs nicht mehr gut eingrenzen.

seinen Träumen und Vorstellungen lebt, und wir können beide darüber lachen… Was Männer sich so alles vorstellen können… Ich finde es mitunter ganz unterhaltsam, wenn er ins Schwärmen gerät. Nur – das muss man ihm lassen – erreicht er damit meistens genau, was er will.

Manche seiner Erfolgsstrategien hatte ich selbst auch vor meiner Erkrankung schon intuitiv eingesetzt, wie beispielsweise den Traum von meiner eigenen Praxis, neuerdings mit Aussicht – nicht auf den Eiffelturm, aber immerhin auf den bezaubernden Schwabacher Marktplatz. Ich stelle mir meinen Traum in solchen Situationen möglichst deutlich und plastisch vor und visualisiere mein Ziel. Dabei stelle ich mir die neue Situation vor wie einen schönen Film, wie eine lebendige Szene, die ich hören, riechen und schmecken kann (mehr dazu ab Seite 81). Die Methode: Man nimmt das Gefühl vorweg, wie es sein wird, wenn man das Ziel erreicht haben wird, wenn man gewonnen haben wird, was man sich wünscht.

Und verfolgt man den Gedanken weiter, dass jede Situation – auch die schlimmste – mehr als nur eine Seite hat, dann konnte ich fast dankbar sein, dass ich noch immer nichts von meinem Krebs wusste. Jetzt war ich im achten Monat schwanger und konnte unbelastet meine Zwillinge auf die Welt bringen. Hätten

DIE FAMILIE WÄCHST

Kollegen im vierten oder fünften Monat auch nur einen Krebsverdacht bei mir gehabt, hätte ich mich, ganz nüchtern betrachtet, zwischen dem Leben meiner Zwillinge und meinem eigenen entscheiden müssen.

Heute bin ich glücklich, dass dieser Kelch an mir vorübergegangen ist, auch wenn der dann folgende Abschnitt meiner Lebensgeschichte mir sehr zusetzen sollte.

Die Familie wächst

Am 19. April 2004 brachte ich also Charline und Carlos auf die Welt. Schon vier Tage später machte ich mich mit den Babys auf den Heimweg zu meinen schwer vermissten Großen, Catherine und Konstantin, denn groß waren sie jetzt auf jeden Fall, auch wenn sie erst vier und drei Jahre zählten.

Nun begann das Gezerre um Mami, die so lange weg gewesen war und zu allem Überfluss auch noch zwei plärrende Zwerge mitgebracht hatte, die alle zwei Stunden gestillt werden wollten. Der Großfamilienalltag begann unwiderruflich, und zwei Wochen später, nachdem meine Bauchwunde einigermaßen verheilt war, stand ich schon wieder in meiner Praxis in Schwabach.

Das hieß morgens um fünf Uhr stillen, dann die Großen anziehen, denn das durfte nur Mami machen. Die Ärmsten hatten wirklich einen enormen Nachholbedarf, und ich zerriss mich fast dabei, auf ihre Bedürfnisse

DIE FAMILIE WÄCHST

einzugehen. Und die waren groß. Um jede Kuscheleinheit, um jedes liebe Wort wurden eifersüchtige Kämpfe ausgefochten. Dann machte ich Frühstück.

Um sieben kam meine gute Fee Nicole. Ich pumpte noch Milch ab für die Kleinen und brachte die Großen zum Kindergarten. Das war jeden Morgen ein großes Drama, da beide massive Trennungsangst entwickelt hatten. Sie hatten mich vier Wochen kaum gesehen, sondern nur meine Stimme am Telefon gehört. Sie hatten mitbekommen, dass es mir nicht gut ging. Kinder entwickeln große Ängste, und vier Wochen sind für sie ein viel längerer Zeitraum als für einen Jugendlichen oder einen Erwachsenen. Sie wussten ja nicht, ob ich wirklich wiederkommen würde. Das Vertrauen in mich musste ich mir erst mühsam wieder erarbeiten.

Zurück in meiner Praxis lief alles wie gewohnt. Meine Patientinnen blieben mir treu, und täglich kamen mehr. Über diesen großen Zuspruch bin ich sehr glücklich. Täglich um zehn Uhr trudelte Nicole mit den Babys ein, die ich dann stillte. Das konnte bei zwei Frühgeborenen ein Weilchen dauern, und so diktierte ich in der Zwischenzeit hin und wieder Arztbriefe, machte meine Atemübungen (siehe ab Seite 131), und die Zeit verging wie im Flug. Es tat mir unbeschreiblich gut.

Der Krebs wächst

Alles ging seinen hektischen Gang, normal für eine Familie mit vier Kindern, bis ich merkte, dass mir immer öfter schwindlig wurde. Auch hatte ich ein unstillbares Schlafbedürfnis. Mein Mann meinte, das sei halt der Stress. Wir sind eben keine typische Kleinfamilie, sondern haben unser spezielles Expresstempo.

Als ich allerdings eines Tages während eines Ermunterungsgesprächs mit einem Mann plötzlich zu bluten begann, wusste ich, dass etwas nicht stimmte.

Ich stillte noch voll. Das hieß, die dadurch produzierten Hormone unterdrückten die einen regelmäßigen Zyklus. Die harmlose Monatsblutung konnte es also nun auf keinen Fall sein.

In meiner Not rief ich meine Kollegin Astrid an, eine Vertraute aus gemeinsamen Kliniktagen bei Professor Egger. Ich hatte Angst, dass sie gleich wieder auflegen würde; schließlich kam ich mir seit meinem Ausstieg aus der Angestelltenposition am Klinikum in der nordbayerischen Gynäkologen-Szene wie ein Paria vor. Aber Astrid war äußerst verständnisvoll und bestellte mich umgehend zu sich.

Die böse Gewissheit

Zuerst schlossen wir die üblichen Ursachen für eine Blutung außer der Reihe aus. Es blieb jetzt nur noch der Krebsabstrich. Und nun bekam ich echte Panik. Astrid wollte mit dem Abstrich noch warten und mich noch eine Woche mit Hormonzäpfchen behandeln, um die Blutung zum Stillstand zu bringen. Aber ich bestand trotz meiner Höllenangst darauf. Denn das konnte doch nicht wahr sein, dass ausgerechnet in mir der Krebs tobte, mit dem ich mich als Ärztin seit über zehn Jahren so intensiv auseinandergesetzt hatte. Am nächsten Morgen sollte ich Bescheid bekommen. Ja, und so rief mich morgens Astrid in meiner Praxis an, während gerade die hungrigen Zwillinge von Nicole herbeigeschafft wurden, das Wartezimmer überquoll und die Telefonleitungen glühten. Astrid forderte mich auf, mich umgehend an Professor Egger zu wenden. Und das machte ich dann auch. Ja, ich hatte Krebs!

Niemals resignieren

Ich nahm alle Kraft zusammen und zwang mich zur Selbstbeherrschung: tief ausatmen, nicht resignieren, im Handeln bleiben, nicht weinen. Noch nicht. Unser Kindermädchen chauffierte mich an die Wirkungsstätte meines Professors. Währenddessen stillte ich meine Zwerge im Auto.

Ich übernahm das Steuer meines Lebens, handelte im Wissen um meine Verantwortung in dieser Situation. Ich kam zu Professor Egger, der schon im Bilde war, mich untersuchte, den Befund bestätigte und mit den Kollegen meine OP vorbereitete. Ich versuchte ihm zwar noch abzuringen, dass ich nach der Gebärmutter-OP weiterstillen dürfte, und entwickelte darin eine ziemliche Penetranz, die aber nichts half. Ich stillte meine fünf Monate alten Zwillinge das letzte Mal an dem Morgen, bevor mir die Gebärmutter entfernt wurde. Nun spielte Professor Egger wieder eine sehr wichtige, ja lebenswichtige Rolle in meinem Leben.

Das Leben weiterleben

Es gab für mich keinen Grund, nun äußerlich alles umzukrempeln. Ich führte ja ein gesundes Leben, glücklich mit meinen vier Kindern und dem dazugehörigen Mann. Die Zwillinge fanden das spontane Abstillen entsetzlich und boykottierten lange Schnuller und Fläschchen. Meine Catherine war völlig traumatisiert, weil Mami jetzt schon wieder so lange wegblieb. Inzwischen umsorgten meine Schwiegereltern die Kinder. Meinen Kindern wollte ich den Anblick ihrer Mutter mit einer Drainage ersparen. Bereits nach zehn Tagen verließ ich die Klinik, um zu Hause nicht wieder zu lange zu fehlen.

Die lieben Menschen, die zu mir halten

Mein Mann blieb bei mir, wickelte die Zwillinge und kümmerte sich parallel noch um seine Geschäfte und obendrein meine Praxis. Er blieb sachlich im Umgang mit meiner Krankheit und hielt mich durch seine Selbstdisziplin und seinen allgegenwärtigen Willen aufrecht. So schützte er mich vor einer in solchen Fällen möglichen tiefen Depression, die mir jeden Lebenswillen hätte rauben können. Stefan kümmerte sich auch darum, dass die deutsche Medizinforscherin Dr. Elfriede Bednar aus Chicago, die er zufällig bei einem Termin im Passauer Rathaus kennengelernt hatte, recherchierte, welches Therapieschema aus den USA für mich besonders geeignet wäre. In Abstimmung mit den deutschen Spezialisten hat sich Stefan bei der Gestaltung meiner weiteren Behandlung nach der Operation unglaublich engagiert – so unnachgiebig, wie es seine Art ist. Ich wollte trotz der exzellenten OP durch Professor Egger in Neumarkt kein Restrisiko eingehen und stellte mich der Chemotherapie – mit allen Konsequenzen.

Wirkungen und Nebenwirkungen

Als Ärztin wusste ich, worauf ich mich einließ und was mir in etwa bevorstand. Ich wollte und musste es durchstehen. Das hieß: Zähne zusammenbeißen, die Chemo als etwas Positives sehen, das auch noch die letzte Krebszelle ausmerzt, und mich auf meine Lieben

konzentrieren, dankbar sein für die schönen Dinge und Momente im Leben.
Tatsächlich gelang es mir durch die Konzentration auf die vielen herrlichen Augenblicke meines Lebens, mich von der aufsteigenden Übelkeit abzulenken. Und ich träumte häufig davon, eines Tages wieder die fröhliche, strahlende Frau zu sein, die ich einmal gewesen war – ohne geschwollene Beine und ohne schwache Blase, die mir seit der OP etwas zu schaffen machte. Ich sah die Kinder, Stefan und mich auf dem Eiffelturm und sah, wie wir auf einem Boot die Seine entlangfuhren. Es ging uns gut. Ich würde wieder gesund werden und einfach glücklich leben.
Was mir weiterhin sehr wichtig war, und da spielte dann doch meine Erziehung eine Rolle: Ich wollte mich nicht gehen lassen, nicht in schlabbernden Jogginghosen und ungepflegt versauern. Sich äußerlich zu vernachlässigen, ist nicht gut fürs Ego, für die Selbstachtung und für die anderen, mit denen man zusammenlebt und die man liebt.
Maria, eine einzigartige Kosmetikerin, die mir bei der Gestaltung des Kindergeburtstages unserer Mini geholfen hatte, half mir nun, mich zurechtzumachen, um auch ohne Wimpern und Augenbrauen schön zu sein. Ich erfand eine Wickeltechnik für das Hermes-Tuch, das ich einer Perücke vorzog. Kochte mir Nudeln, um mich wieder aufzupäppeln.
Es war eine schlimme Zeit, das darf ich nicht beschönigen. Kurz vor Weihnachten 2004 sollte ich meine letzte Chemo bekommen.

Dann wollten wir in der großen Familienrunde mit allen Großeltern Weihnachten feiern. Ich freute mich sehr darauf, baute meine ganze Kraft darauf auf.

Der nächste Schlag

Aber dann wurde ich Anfang Dezember beim Aussteigen aus unserem Familienkombi ohnmächtig. Ich wollte gerade die Großen vom Kindergarten abholen.
Am 10. Dezember fuhr ich deshalb mit Stefan in die Erlanger Röntgenklinik, um eine Kernspintomographie machen zu lassen. Meine größte Angst war, dass der Krebs doch gestreut hatte. Eine Stunde lag ich in diesem Apparat, der meinen Körper durchleuchtete, atmete ein und atmete aus, um die Panik nicht hochkommen zu lassen, und suchte nach meinem Traum von Paris und Venedig. Jetzt liefen wir an der Seine entlang, mein Mann hatte seinen Arm um mich gelegt. Die Kinder malten den Eiffelturm in allen Farben.
Als ich endlich aus der Röhre heraus war, hieß es nach kurzer Zeit, dass man mich gleich noch einmal untersuchen wollte. Die Befunde von Unterleib, Leber und Lunge waren zwar in Ordnung, aber da war noch etwas anderes: Ich hatte einen kinderfaustgroßen Tumor. In meinem Gehirn.
Das war ein Ergebnis, das die herbeigerufenen Kollegen in höchste Aufregung versetzte, so einmalig war es. Und es war das erste Mal,

Ich empfinde meine Geschichte nicht als so negativ oder tragisch, wie Sie vielleicht denken.

dass mein Mann umkippte. Kurz nachdem er sich wieder gefangen hatte, fuhren wir in die Erlanger Universitätsklinik und machten uns dort auf den Weg in die neurochirurgische Abteilung zu Professor Fahlbusch.

Den Hoffnungsschimmer sehen

Meine Geschichte ist sicher keine leichte Kost für Sie. Mir ist wirklich einiges widerfahren. Das kann man sicher sagen. Was mich aber selbst bis heute erstaunt: Ich empfinde meine Geschichte nicht als so negativ oder tragisch, wie Sie vielleicht denken. Ich bin dankbar für mein Leben, freue mich über jeden einzelnen Tag, den ich mit meinem Mann und meinen Kindern verbringen kann. Unsere Beziehung, unser Zusammenhalt innerhalb der Familie hat sich angesichts der Bedrohung meines Lebens unglaublich vertieft.

Es gibt Paare, die unter einer solchen Belastung zerbrechen. Mein Mann schrieb Gedichte von Schiller für mich auf, die mich motivieren sollten weiterzumachen. Er trauerte mit mir und tröstete mich, obwohl er selbst auch Trost

GESCHAFFT!

gebraucht hätte. Und er beschwor die guten Zeiten, die noch kommen sollten für uns, in Venedig und Paris und überall, wo wir noch hinreisen wollten. Die guten Zeiten waren oft weit weg, nicht aber in unseren Träumen.

Ich krieg' die Krise – bewältigt

In Sachen Lebenskrisen kann ich heute wirklich mitreden. Mir fällt dazu wirklich dieser Macho-Spruch ein: Was uns nicht umbringt, macht uns nur noch härter. Na ja: Erfahrung hilft jedenfalls, wenn einen das Schicksal wieder beutelt. Natürlich empfanden wir den Unterleibskrebs und den Gehirntumor, die Risikoschwangerschaften und den schweren Unfall meines Mannes als bedrohlich. Aber Krisen und Niederlagen gehören leider zum Leben. Machen wir uns doch nichts vor: Ein perfektes Leben, in dem alles rosarot und leicht, locker, schön und sexy ist, das gibt es nicht. Bei niemandem.
Krisen helfen uns zu reifen, uns weiter zu entwickeln – allerdings nur, wenn wir uns ihnen stellen und uns nicht ohnmächtig ergeben und resignieren. Sehen wir es mal realistisch: Die Menschheit wäre längst am Ende, wenn sich niemand in solch prekären Lebenslagen aktiv um eine neue Zielsetzung und um eine Entscheidung bemühen würde, wie es weitergehen soll. Natürlich gelingt eine Problemlösung nicht immer aus dem Stand. Und je komplexer die Probleme, umso vielschichtiger die Lösung.
Wir dürfen uns nicht davor scheuen. Ganz im Gegenteil: Ich denke, dass wir nur wachsen, wenn unsere Belastungen groß oder sogar überwältigend sind. Man kann aus jeder Situation, und sei sie noch so niederschmetternd, das Beste machen, indem man aufsteht und sie für neue Aufgaben und Projekte nutzt. Vieles geht, es muss nur zur Situation und einem selbst passen. Dann hat einen nicht mehr die Krise im Griff, sondern umgekehrt, und man ist entscheidungsfähig.

Geschafft!

Heute darf ich sagen: Ich habe es tatsächlich geschafft, und wir als Paar und als Familie haben es auch geschafft, obwohl der Faden, an dem zum Schluss alles hing, nur noch hauchdünn war. Ich habe nach der ersten Krebsoperation und der Chemotherapie auch die Entfernung des Gehirntumors überstanden, ein künstliches Koma, Schmerzen und die Abwesenheit von meinen Kindern – was mit das Schlimmste daran war.

> *Ich denke, dass wir nur wachsen, wenn unsere Belastungen stark oder sogar überwältigend sind.*

Sobald es irgend ging, ließ ich mich auf eigene Verantwortung mehr tot als lebendig nach Hause bringen und tröstete hier tagelang meine zutiefst traumatisierten Kinder. Und noch einmal musste ich in die Klinik, weil Gehirnflüssigkeit durch die Naht im Kopf auslief. Nie werde ich den Moment vergessen, als mein Mann mich huckepack ins Auto schleppte. Wir hatten niemanden erreicht, der sich um die Kinder kümmern konnte, und sie schrien sich die Seele aus dem Leib. Mir zerbrach fast das Herz.

Aber im Jahr 2005 nahm ich mein Leben wieder auf. Ich wusste ja, dass ich es schaffen konnte. Den absoluten Tiefpunkt hatte ich hinter mir, jetzt konnte es nur noch bergauf gehen. Und so stand ich vier Wochen nach dieser OP mit einem »praktischen« Kurzhaarschnitt wieder in meiner Praxis, hatte mir allerdings nur drei halbe Arbeitstage pro Woche verordnet, um so viel Zeit wie möglich mit meinen Kindern zu verbringen. Und so wurde langsam, aber sicher, alles gut.

Mit den Herausforderungen wachsen

Es ist sehr hilfreich fürs nächste Mal, wenn man schon die eine oder andere Krise gemeistert hat. Krisen in den Griff zu bekommen ist unglaublich gut für das Selbstbewusstsein und das Selbstverständnis: Ich erfahre dadurch, was in mir steckt, und muss es nicht erst ausprobieren. Gelingt es einmal, dann ist es immer wieder machbar.

In jedem Leben kann irgendwann der schicksalhafte Moment kommen, in dem ich mich beweisen muss, in dem ich mir beweisen muss, was in mir steckt. Allerdings frage ich mich, ob es wirklich ganz falsch ist, seine Kinder in Watte zu packen und sie zu schonen, damit sie ja nicht mit dem Bösen der Welt konfrontiert werden. Ich packe meine Kinder ein, wo es geht, denn die Welt draußen lehrt sie früh genug, dass einem übel mitgespielt werden kann. Mir ist nicht wichtig, was mir andere Leute für gut gemeinte Ratschläge geben, denn meine Kinder entwickeln sich prächtig und sind lebensfroh und wundervoll lebensbejahend. Das zählt.

Den Träumen treu geblieben

Eines Tages erwachte ich wie immer morgens um fünf Uhr, räumte noch auf, was ich am Vorabend nicht mehr geschafft hatte, und kümmerte mich um das Frühstück, so wie jede Mutter das tut. Da merkte ich: Ich war endlich wieder die fröhliche, gut gelaunte Mutter und Ärztin. Ich bin heute gesund und gut gelaunt, freue mich auf jeden Tag mit meinen Kindern, mit meinem Mann und meinen Patientinnen.

Ich kann heute in meiner Praxis Ratschläge aus eigener Erfahrung geben. Bei Frauenthemen kenne ich mich nun von A bis Z allerbestens aus. Und so freut es mich, dass auch viele berufstätige Frauen zu mir kommen und sich für Kinder entscheiden, weil sie mein Leben mit Beruf ermutigt. Und ich kann jetzt auch de facto impfen gegen Gebärmutterhalskrebs, sodass hoffentlich in Zukunft keine Frau mehr mein Schicksal erleiden muss.

DEN TRÄUMEN TREU GEBLIEBEN

Wir haben unser Traumhaus in
Nürnberg gekauft und renoviert.
Und wir sind tatsächlich
alle zusammen nach Venedig
und Paris gefahren.
Heute ist mir eines ganz klar:
Ich will, ich kann, und ich werde.

DIE DREI SÄULEN DES GLÜCKS

An der Krise wachsen

Jedes Leben hat Wendepunkte. Schon die Kindheit ist reich an Meilensteinen, die Reifephasen markieren. Wendepunkte können uns mit etwas Neuem, bisweilen auch Erschreckendem oder Verletzendem konfrontieren. Das gilt für den Eintritt ins Berufsleben ebenso wie für den Beginn und das häufig konfliktreiche Ende von Partnerschaften und Freundschaften und sogar für relativ harmlose, aber bewegende Veränderungen wie den Bezug der ersten eigenen Wohnung oder einen Arbeitsplatzwechsel.

Auch Krankheiten, das Älterwerden und der Tod geliebter Menschen sind solche Lebensstationen, die Angst machen und uns lähmen können wie der Anblick der Schlange das Kaninchen. Viele solche Übergänge erlebt man zum Glück nur als zeitweilige Belastung, die man gut allein oder mit Hilfe des Partners, der Familie und der Freunde meistert und aus der man gestärkt hervorgeht. Besondere Geschehnisse aber können zu einer dauerhaften Belastung werden. Traumatisierende Erfahrungen können sogar den Lebensentwurf eines Menschen ins Wanken bringen.

WO *GEFAHR* IST, WÄCHST AUCH DAS RETTENDE

Mehrere Male bin ich unvermittelt in extreme Grenzsituationen geraten. Ich kenne die Verzweiflung und Depression, die mit einer lebensbedrohlichen Krankheit einhergehen, aber auch die Hoffnung und die Kraft, die entstehen können, wenn man sich seiner Situation stellt.

Durch mehrere Katastrophen an den Tiefpunkt meines Lebens geraten, musste ich Strategien entwickeln, um mit meiner Krebsdiagnose fertigzuwerden. Die aus dieser Erfahrung gewachsenen Konzepte finden Sie in diesem Buch. Mit ihrer Hilfe schaffte ich es, an den Schwierigkeiten meines Lebens nicht zu zerbrechen, sondern zu wachsen und zu reifen. So konnte ich mich bewusst und aktiv der Herausforderung stellen, als während der Chemotherapie auch noch ein Gehirntumor bei mir festgestellt wurde. Dass ich immer wieder die Kraft in mir fand, hat mich selbst überrascht.

Jedenfalls tat ich mein Bestes und übernahm bedingungslos die Verantwortung für mich, fokussierte mich auf Lebensziele jenseits der Krise und befreite mich von allem Überflüssigen, was mir nicht guttat. Irgendwie konnte ich gar nicht anders, als wie eine Löwin für meine Ziele zu kämpfen.

Als vierfache Mutter und Ärztin habe ich einen ganzheitlich gesunden Lebensstil entwickelt, um meine körperliche und seelische Konstitution zu stärken und auch künftigen Herausforderungen gewachsen zu sein.

DIE EIGENEN KRÄFTE FREISETZEN

Wer seine Kräfte in einer Lebenskrise welcher Art auch immer steigern will, muss an seinen Lebensgrundlagen arbeiten: Er muss Zufriedenheit, Wohlbefinden und Selbstwertgefühl stärken. Dafür gibt es verschiedene Ansätze und grundsätzlich drei Zugänge: den Körper, den Geist und die Seele.

Auf der körperlichen Seite ist gesunde und regelmäßige Bewegung ebenso wichtig wie ausgewogene Ernährung und der Verzicht auf ein Übermaß in jeder Hinsicht. Das Gleichgewicht zwischen Geist, Körper und Seele und damit das Potenzial, die Krise zu bewältigen, kann man mit Techniken fördern, die dabei helfen, innerlich loszulassen und wieder ins Lot zu kommen. Dazu gehören Atemtechniken aus dem Yoga und dem Qi Gong. Meine Glücksrezepte stärken die persönliche Kraft in jeder Lebensphase und -situation. Jeder Mensch kann daran teilhaben.

AUTONOMIE GEWINNEN

Auf dieser Grundlage, das weiß ich aus meiner ärztlichen Erfahrung, wird Handlungsfähigkeit zurückgewonnen sowie ein tiefer Glaube an sich selbst und die Selbstheilungskräfte verankert. Ich weiß aus der Erfahrung meiner eigenen, nicht mehr für möglich gehaltenen Kraft, dass Ängste besiegt und Depressionen überwunden werden können. Wir können das Leben trotz einer lebensbedrohlichen Krise weiter gestalten. Diese Kraft, die in uns allen steckt, muss nur freigesetzt werden. Dann macht sie uns wieder fähig, am Leben teilzuhaben und seine Fülle wahrzunehmen.

> ### INFO: Resilienz entwickeln
>
> Das englische Wort *resilience* bedeutet so viel wie Spannkraft, Elastizität oder auch Unverwüstlichkeit. Jeder Mensch verfügt in gewissem Maß über diese Qualität. Die Resilienzforschung, der Zweig der Psychologie, der sich der Krisenbewältigung widmet, lehrt, dass die *Rettung* aus einer Krise darin besteht, sich zugleich den Gegebenheiten anzupassen und sich trotzdem treu zu bleiben. Wenn Sie in einer Krise stecken und diese bewältigen wollen, bewahren Sie sich deshalb Ihre *Offenheit* und gehen Sie konstruktiv an die Situation heran. Das hat nichts damit zu tun, negative Dinge zu verdrängen oder durch eine rosarote Brille zu betrachten! Praktisch bedeutet das: **Kopf hoch und Augen auf!**

Der erste Schritt aus der Opferhaltung heraus in den offensiven Kampf und vor allem das konsequente Durchhalten sind entscheidend. Machen Sie sich nun mit meinem Kuchenmeister-Rezept auf den Weg!

GLÜCKSREZEPT EINS:
Finde deine Leidenschaft, mach deine Träume wahr!

Das Leben ist eine Reise. Den Start können wir nicht bestimmen. Aber wohin die Reise später geht, bestimmen allein Sie. Am Beginn jedes Weges stehen Ihre Wünsche und Ihre Leidenschaft, die Sie Ihren gesamten Lebensweg lang begleiten. Ohne Leidenschaft geht gar nichts. Nirgendwo, bei niemandem.

Ohne Leidenschaft gelingt kein überragender Erfolg: kein Wimbledon-Sieg, kein Violinkonzert, kein iMac, kein iPhone und iPad. Das ist der wesentliche Antrieb von Menschen wie Steve Jobs, Anne-Sophie Mutter oder Boris Becker. Das unbeirrbare Engagement ist es, was sie von den vielen unterscheidet, die nur reden! Nehmen Sie sich ein Beispiel an Menschen wie Barack Obama. Sagen auch Sie laut und deutlich: *Yes we can!*

Alle Gewinner haben daran geglaubt, dass sie ihr Ziel erreichen, dass die Dinge am Ende zusammenkommen, auch wenn zwischendrin Umwege gegangen werden müssen und Steine oder ganze Berge den Weg versperren. Sie alle haben Strategien, um ihre Ziele zu erreichen, und eine klare Vision davon, was das Ziel ist. Das macht den Unterschied aus: Wer keinen Plan hat, kann auch keinen umsetzen.

SCHMIEDEN SIE *IHREN* PLAN

Es genügt nicht, nur daran zu glauben. Man muss sich auch einen geeigneten Plan machen. In meinem Fall habe ich genau nachgeforscht, welches Therapieschema in den USA bei meiner Krebsdiagnose als optimal geeignet gilt. Ich habe Medizinjournale studiert, das Internet vorwärts, rückwärts, rauf und runter gelesen, telefoniert, nächtelang studiert, mich gemeinsam mit meinem Mann ununterbrochen um den Kampf gegen den Krebs gekümmert. Schließlich ging es um nicht weniger als mein Leben! So wurde aus der inneren Bedrohung schon mal zeitweise ein äußerer Gegner, ein Objekt meines Kampfs. Allein das machte mich schon größer und stärker.

FINDE DEINE LEIDENSCHAFT, MACH DEINE TRÄUME WAHR!

Bringen auch Sie alle Energie auf, die Sie sich abtrotzen können – so wie ich in meinen dunkelsten Stunden. Denn mit Bequemlichkeit werden Sie nichts ausrichten. Das große Lebensglück mit der wundervollen Bindung an liebevolle Menschen gibt es nicht geschenkt. Verlieren Sie niemals den Glauben, auch wenn das Leben Sie ins Gesicht schlägt.

NEHMEN SIE ENDLICH IHRE WÜNSCHE ERNST

Jeder Mensch hat einen Traum oder eine Vision von seinem Leben, so wie es für ihn sein soll. Und jeder träumt seine eigene Glücksgeschichte. Der eine träumt von Kindesbeinen an davon, Förster mit einem eigenen großen Wald zu sein, in dem er Herr und Meister über alle Füchse, Rehe und Hasen ist. Ein anderer will unbedingt einen Impfstoff erfinden, der vor Krebs schützt. Eine andere wünscht sich nichts sehnlicher, als Primaballerina im Bolschoi-Theater zu sein. Wieder eine andere möchte zum ersten weiblichen Vorstandsmitglied der Deutschen Bank erkoren werden, andere erstreben Reichtum und weite Reisen …

Und dann gibt es natürlich die Träume vom Prinzen auf dem weißen Pferd, Träume von entzückenden Kindern, einem schönen, großen Haus in einem Garten mit alten Bäumen, Träume von Ruhm, Ehre und Auszeichnungen, Träume von einer Welt voller Gesundheit, Frieden und Glück …

Es gibt die Träume von einem interessanten Beruf, der einen jeden Tag fordert und erfüllt und den von einem Partner, mit dem man jeden Tag aufs Neue gerne zusammen ist, den man schätzt und liebt und mit dem man alt werden will, und von einer Kinderschar, die einen erdet.

Jeder wünscht sich, dass sich die Welt so gestaltet, dass sie sich um die eigenen Wünsche und Träume schmiegt, dass sie ein Ort ist, an dem es sich wunderbar leben lässt, ein Ort, zu dem Probleme und Lebenskrisen keinen Zutritt haben.

Tatsächlich verhält es sich leider so, dass diese Träume, die man vielleicht von Kindesbeinen an gehegt hat, sich eines weniger schönen Tages verflüchtigen. Man landet in einem Alltag der Eintönigkeit, der Routine, der Banalität.

TRÄUME SIND SCHÄUME?

Man muss mit Fehl- und Rückschlägen fertig werden, oder sogar mit lebenserschütternden Krisen, mit denen man konfrontiert wird: Arbeitslosigkeit, Trennung, Tod eines geliebten Menschen, Krankheit … Das Leben hat grausame Seiten.

Dass jemand seinen Traum möglicherweise im Lauf der Jahre aus den Augen verliert, kann die verschiedensten Gründe haben. Die Auswirkungen sind aber immer die gleichen: Das Feuer, die Freude, das Glück bei der bloßen Vorstellung jenes besseren Lebens haben sich verflüchtigt und damit auch der Wille, sein Leben und seinen Alltag so zu gestalten, dass er (wieder) eine optimale Lebensqualität bietet. Dafür breiten sich Ängste, Unsicherheit und Verzagtheit wie eine schwarze Wolke aus und lähmen einen. Der Funke Selbstsicherheit und innerer Kraft ist erloschen, der nötig ist, um dahin zu kommen, wo man sich hinwünscht. Aus meiner Erfahrung kann ich Ihnen dringend ans Herz legen: **Lassen Sie sich Ihre Träume bloß nicht stehlen!** Die Diebe kommen immer wieder daher, gern in Gestalt unserer Eltern, Freunde, Kollege und Bekannten. Finden Sie Ihre Leidenschaft und folgen Sie Ihren Herzenswünschen. Das macht den großen Unterschied und bringt Ihnen Glück! Wenn Sie noch nicht gefunden haben, was Ihrem Herzen wirklich Freude bereitet, dann halten Sie Ihre Augen weit offen, und es wird der Moment kommen, der es Ihnen zeigen wird. Geben Sie sich nur nicht mit der zweitbesten Lösung zufrieden, gehen Sie aufs Ganze!

TRÄUME SIND REALITÄT

Vieles was wir heute sehen, ist das Ergebnis wahr gewordener Utopien. Vom Einbaum über den Eiffelturm bis zum iPhone: Alles Große war am Beginn nur der Traum eines Einzelnen, der ihn dann wahrgemacht hat. Der größte Visionär, den ich kenne, ist mein Mann Stefan, den viele für verrückt halten, der sich aber nicht von seinem Weg abbringen lässt, von niemandem, auch nicht bei Rückschlägen und in dunkler Zeit. Er lässt nicht locker. Machen Sie's wie wir! Lassen Sie sich nicht unterkriegen, auch wenn Sie wieder und wieder Menschen treffen, die Ihnen Knüppel in den Weg legen. Machen Sie trotzdem Ihr Ding, ziehen Sie es durch.

Machen Sie sich mit mir auf den Weg und entfesseln Sie Ihre Kraft, um die Träume Ihres Lebens zu erfüllen! Es geht viel schneller, als Sie denken. Bestimmen Sie von nun an, was Sie tun; sonst tun es andere. Und seien Sie sich im Klaren darüber, dass es den Siegerkranz nicht ohne Opfer und Rückschläge geben kann. Wenn Sie wissen, was Sie wollen, dann spielt der Preis keine Rolle.

In meinem Fall war's freilich einfach: Ich will nicht sterben! Wenn Sie selbst, wie ich 2004, dem Tod in die Augen schauen, dann sehen Sie die wirklich wichtigen Dinge im Leben. Nicht mehr die Erwartungen der Außenwelt und

Sehr vieles, was wir heute um uns herum sehen, ist das Ergebnis wahr gewordener Utopien.

anderen Kleinkram. Spätestens dann haben Sie die Freiheit, Ihre großen Entscheidungen zu treffen. Wenn die Ärzte womöglich sagen, dass Sie Ihre Angelegenheiten regeln und sich verabschieden sollen, dann wachsen Sie mit mir in der Krise, ganz egal, wie es um Sie steht!

IN DER KRISE *WACHSEN*

Katastrophen und Schicksalsschläge reißen uns aus unserem normalen Trott und aus der vertrauten Routine. Manche Krisen können einen völlig aus der Bahn werfen. Eine Krise ist immer ein Schock.

Was glauben Sie, wie es mir ergangen ist, als man mir mit 35 erklärte: »Sie haben Krebs«? Meine Kollegin Astrid weinte. Ich selbst Frauenärztin, und dann dieser Super-GAU. Du bist unvorbereitet und weißt nicht, wie du mit der Veränderung umgehen sollst. Ich war zunächst hilflos. Ich lag im Bett und fühlte mich schon tot. Da ist es normal, dass man sich erst einmal verkrampft. Aber man muss sich unbedingt schnell freimachen im Kopf und im Körper und die schönsten Gedanken jetzt zulassen. Jede Lebenskrise hat das Potenzial zu einer Riesenchance. Und das ist genau unsere Chance auf das Glück. Machen Sie sich frei von allen Sorgen und Ängsten. Bringen Sie Ihr Leben unter Ihre eigene Kontrolle und werden Sie gesund, glücklich und erfolgreich.

Die Psychologie kennt fünf Phasen, die man in einer Krise durchlaufen muss. Das habe ich genau so getan, und ich war überrascht und dankbar, wie schnell das in meinem Fall ging:

1. **Phase: Verleugnung.** Zuerst will man die Krise nicht wahr haben und wehrt sich mit aller Kraft gegen die Veränderung, will dem Problem nicht ins Auge blicken und verdrängt es.
2. **Phase: Aufbrechende Gefühle.** Man fühlt sich machtlos, hadert mit seinem Geschick, hat Angst, ist hoffnungslos, unsicher oder voller Wut und Selbstzweifel.
3. **Phase: Neuorientierung.** Man überwindet die erste Schockstarre. Man erlebt sich wieder in einem halbwegs normalen Zustand und beginnt in diesen Phasen, nach Lösungsmöglichkeiten und Auswegen Ausschau zu halten.
4. **Phase: Neues Gleichgewicht.** Man nimmt die neue Situation an und beginnt mit der Verarbeitung.
5. **Phase: Erkenntnis.** Man sieht schließlich ein, dass die Krise sogar ihr Gutes hatte.

Wer von einer Krise betroffen ist, muss diese Phasen durchlaufen. Dabei besteht die Gefahr, stecken zu bleiben. Dann lebt man nur noch in der Vergangenheit oder versinkt in Selbstmitleid. Oder man hadert, warum ausgerechnet einem selbst dieses Unglück widerfahren musste, und sucht keine neue Perspektive. In Phase eins oder zwei kann das kritisch werden: Bei manchen Menschen stellen sich dann Depressionen, Süchte, körperliche Beschwerden wie etwa Schlafstörungen, Unruhe, Herz-Kreislauf-Probleme, Magen-Darm- Beschwerden oder Kopf- und Rückenschmerzen ein.

DIE *CHANCE* IN DER KRISE

Man soll aus Krisen lernen? In der Krise steckt eine Chance? Das hört sich fürs Erste nicht besonders überzeugend an, ja? Mir können Sie es glauben! Vielleicht überzeugt Sie ja dies: Eine Lebenskrise kann unser Leben komplett umkrempeln, uns aus der Passivität befreien und uns erkennen lassen, wie viel mehr in uns steckt. Die Notlage zwingt dazu, uns massiv unter Druck zu setzen, um etwas zu verändern und aus Gewohnheiten auszubrechen, um eine Lösung herbeizuführen. Ihre Taten schaffen dann Ergebnisse.

Das Kunststück ist, aktiv zu werden und in die Offensive zu kommen. Wenn Sie nichts tun, dann wird sich nichts verändern. So einfach ist es. Das ist alles. Tun Sie etwas! Das ist meine Einstiegsformel zum Glück. Dabei werden Sie dann lernen:

- das Leben wieder mehr zu schätzen,
- Ihre Bedürfnisse wichtiger zu nehmen,
- mehr für Ihre Gesundheit zu tun,
- andere Menschen zu akzeptieren,
- aber die Erwartungen Außenstehender zu ignorieren,
- Ihren Partner und Ihre Freunde zu lieben,
- neue Prioritäten zu setzen.

Denken Sie an die Fabel von dem Frosch und der Maus, die beide in einen Milchtopf gefallen waren und zu ertrinken drohten: Die schlaue Maus glaubte nicht an eine Rettung, gab bald auf und ertrank. Der Frosch aber ließ sich nicht beirren, er strampelte und strampelte, so lange er nur konnte. Und siehe da: Nach einer Weile entstand eine kleine Butterinsel der

DIE CHANCE IN DER KRISE

Milch, und von dieser sprang er schließlich aus dem Topf. Der unbedingte Durchhaltewillen ist die Rettung!
Jeder von uns kann eine ganze Menge tun, um eine Lebenskrise zu bewältigen. Ich zeige ich Ihnen, welche Strategien ich für mich entwickelt habe, welchen Weg ich in meinem bitteren Kampf gegen den Tod in Riesenschritten aus meiner Not zurück ins Glück gegangen bin, was mich heute jeden Tag von Neuem genießen und lieben lässt.

STEHEN SIE AUF, WENN SIE AM BODEN SIND!

Stellen Sie sich Ihrer Situation. Gehen Sie zum Angriff über und glauben Sie direkt wieder an die Träume und Visionen Ihrer Kindheit. Erheben Sie sich über Ihre Probleme und Schwierigkeiten und treten Sie wieder ein in das schöne Spiel des Lebens. Sie müssen mit Leidenschaft für Ihren Traum kämpfen, auch dann, wenn Sie dabei andere Ziele aufgeben müssen. Wenn Sie sich durch abschreckende Vorfälle abbringen lassen oder sich mit dem Zweitbesten zufrieden geben, werden Sie Ihre Ziele nicht erreichen. Programmieren Sie sich auf Gewinnen. **Alles gelingt mit dem Prinzip Leidenschaft!**
Sie denken, dass das allenfalls ein albernes Strohfeuer ist und keine langfristige, dauerhafte und positive Veränderung bringen kann? Quatsch! Sie denken, mit einer gesunden Portion Realismus – oder nennen wir es ruhig beim Namen: Pessimismus – wären Sie eher in der Lage, die Situation richtig zu analysieren, und dann würden sich schon Wege finden? Es tut mir leid, Sie enttäuschen zu müssen. Vergessen Sie das. So kommen Sie nirgends hin. Nur Leidenschaft ist zielführend, wenn

---

JETZT-TIPP: *Laut werden!*

Wenn es Ihnen nicht gut geht, wenn Sie frustriert oder verzagt sind, versuchen Sie es einmal mit dem folgenden Gedanken. Sie können sich vor einen Spiegel stellen und ihn sich ins Gesicht sagen: »**Jetzt reicht es wirklich!** Ich weiß, dass ich mehr kann und bin als das, was ich im Moment körperlich und emotional nach außen bringe. Jetzt sofort ändere ich mein Leben.«
Sie glauben nicht, dass das funktioniert?
Gar kein Problem! Tun Sie es einfach trotzdem. Nur so kommen Sie in Gang. Sagen Sie es laut und deutlich, wieder und wieder. *Schreien* Sie es heraus. Auf geht's! Sagen Sie sich auch, dass Sie es verdienen, dass mehr passiert in Ihrem Leben, dass endlich Ihre Träume wahr werden.

Sie aus Ihrem Katastrophengebiet heraus und ans Licht des Tages auf die Sonnenseite wechseln wollen. Setzen Sie sich über alle Hindernisse hinweg und unternehmen Sie alle Anstrengungen, um Ihr großes Ziel zu erreichen. Das habe ich mir gedacht während der Chemotherapie, als ich mir die Seele aus dem Leib gespieen habe, den Tod vor Augen, meine vier Kinder an meinem Grab… Und? Können Sie das auch? Ja! Vertrauen Sie mir. Tun Sie's einfach.

> **ÜBUNG: zentrale Fragen**
>
> Nehmen Sie sich etwas Zeit, um über die folgenden Fragen nachzudenken. Es lohnt sich! Notieren Sie sich Ihre Antworten. So verinnerlichen Sie die Inhalte besser:
>
> - Wie kann es mir gelingen, ab sofort mein Leben wieder *in die Hand* zu nehmen?
> - Was kann ich hier und heute tun, um mir den *Weg* zu bahnen, um mein Schicksal in die gewünschte Bahn zu lenken?
> - Wie kann ich mich persönlich *weiterentwickeln,* und zwar langfristig und in eine positive Richtung?

Ihre Träume geraten allenfalls in Vergessenheit, verschwinden aber nicht.

Die Psychologie nennt diese Energien Ressourcen. Das sind innere Potenziale – zum Beispiel in Form bestimmter Fähigkeiten, Kenntnisse, positiver Erfahrungen, Talente, Neigungen und Stärken. Diese Kraftquellen kann jeder nutzen, um seine seelische und körperliche Heilung zu fördern. Womöglich sind sie verschüttet und Ihnen momentan nicht zugänglich. Aber keine Sorge: Die Kräfte sind da, auch wenn sie schlummern.

Unabdingbar ist es jedoch, den Weg aus dem tiefen Tal heraus mit Leidenschaft und dem unbedingten Willen zur Veränderung zu beschreiten. Sie müssen bereit sein, ihre ganze innere Kraft zu entfesseln, und zwar zu einem denkbar ungünstigen Zeitpunkt, an dem Sie sich lieber verstecken und eingraben wollen, da Ihnen auf den ersten Blick alles trüb und hoffnungslos erscheint. Bergauf zu gehen, ist immer schwer. Aber es lohnt sich.

WARUM KINDER ALLES KRIEGEN, WAS SIE WOLLEN

Kinder brennen von einem Moment auf den nächsten für etwas und wollen es dann bedingungslos. Sie sind Feuer und Flamme. Um diesen Funken allein geht es, wenn man das Gefühl hat, dass die Zeit stillsteht oder Land unter ist und nichts mehr geht, wenn man verzweifelt ist und glaubt, dass die Situation ausweglos und man unrettbar verloren ist. Wenn es uns gelingt, diesen Funken aus der Kindheit wieder zum Leben zu erwecken – und das wird bei Ihnen wie bei mir funktionieren – dann können Sie wieder aus den Energien schöpfen, die tief in jedem von uns schlummern. Denn

DIE KINDER ALS VORBILD

Nehmen Sie sich dafür ein Beispiel an den Jüngsten der Gesellschaft, den Kindern. Sie tragen sie noch unverfälscht in sich, die Leidenschaft, eine Situation sofort und spontan in die Hand zu nehmen, etwas zu tun, Dinge zu verändern. Kinder sind Gefühlshedonisten. Sie wollen einfach, dass es ihnen gutgeht, dass ihre Wünsche erfüllt werden, dass ihr Ego respektiert und wenn möglich auch noch gestreichelt wird, und dazu scheuen keinen Umweg.

Das Bild meines Sechsjährigen, der sich heulend im Sportgeschäft vor die Kasse schmeißt, um seine genervte Mutter davon zu überzeugen, dass er neben dem x-ten Fußball auch noch das Trikot seines Lieblingsvereins haben muss, ist wenig erfreulich. Das kennen Sie. Aber es macht doch klar: Kinder können sich, wenn es um die Durchsetzung eines Wunschs geht, nicht nur selbst zum Affen machen. Ihre Penetranz, ihre – sagen wir es ruhig – Schamlosigkeit und die absolute Unbeschwertheit durch irgendwelche gedanklichen Schranken haben etwas für sich, auch wenn sie ihre Mutter damit noch so sehr auf die Palme bringen. Meine Kids kommen damit nämlich oft durch … Was soll man machen, wenn es denn ihre Leidenschaft oder ihr Ding ist? Ich kann es wirklich nachvollziehen. Es ist einfach stärker als die Erziehung und andere Hindernisse.

Auf den folgenden Seiten zeige ich Ihnen, wie Sie auch in schwierigen Zeiten diese Ihre Leidenschaft und Ihre inneren Kraftquellen anzapfen können, um nicht nur zukünftig jede schwierige, unangenehme Situation zu meistern, sondern um Ihr Leben nachhaltig zu verbessern und schöner zu gestalten.

Als Mutter von vier Kindern rate ich Ihnen übrigens davon ab, jede Saison neue Trikots zu kaufen. Bleiben Sie cool, lächeln Sie. Ihr selbstbewusster Sprössling wird Ihnen irgendwann nach draußen folgen, ohne die Regale an der Kasse zu plündern – Sie haben ihn schließlich erzogen – und Sie können sich sicher sein, dass er irgendwann und irgendwie seinen Weg im Leben machen wird. An Durchsetzungskraft mangelt es ihm immerhin nicht. Sich auf den Boden zu schmeißen und mit den Fäusten zu trommeln, das legt sich im Lauf der Zeit.

Ihre Träume geraten allenfalls in Vergessenheit, verschwinden aber nicht.

INNERE *ENERGIEN* FREISETZEN

Doch wie können wir dieses Verhalten, das man als Erwachsener ungezogen findet, für uns nutzen, um wieder an unsere Energien, unsere Träume zu kommen? Die Antwort ist denkbar einfach: Es geht darum, das Prinzip dieser Kraft in die richtigen Bahnen zu lenken, um die nötigen Veränderungen herbeizuführen und den Weg aus der Krise zu finden. Und das gilt für alle Probleme, die sich einem im Leben in den Weg stellen: Einsamkeit, Krankheit, Geldsorgen, Übergewicht oder eine zu kleine oder zu große Nase … Es gibt für jedes Problem eine Lösung, für jede Krise einen Ausweg. So abgedroschen der Spruch über die Probleme und Lösungen auch sein mag – Probleme sind wirklich nur zu lösende Aufgaben! In meinem Arztberuf lerne ich täglich so viele Menschen und natürlich vor allem Frauen kennen, die bislang gar keine Ahnung haben von dem wunderbaren Potenzial, das in ihnen schlummert, von dieser großartigen Energie, die jede von ihnen sofort anzapfen und einsetzen kann.

DIE SACHE MIT DEM FOKUS

Der Trick ist dabei, alles auf den einen Aspekt des eigenen Lebens zu fokussieren, der Ihnen jetzt gerade Sorgen oder Probleme macht. Das geschieht rein gedanklich. Stellen Sie sich den Gedanken vor wie einen Laserstrahl, der alles durchdringt, was Ihnen im Weg steht. Wenn Sie sich wirklich dauerhaft, also mehrmals täglich und konsequent Tag für Tag mit der Hartnäckigkeit und Ausdauer eines Kindes darauf konzentrieren, in einem bestimmten

Lebensbereich eine Verbesserung zu erzielen, dann werden Sie mit der Zeit spüren, wie sich etwas ändert – erst unmerklich, aber dann immer gewaltiger.

Sie erwecken allein durch dieses Fokussieren Fähigkeiten, die nur in Ihnen selbst wohnen und die Ihnen helfen, weiterzukommen, Lösungen zu finden oder auch wieder gesund und lebensfroh zu werden. Denn dass so viele Vorstellungen und Wunschträume scheitern – das muss ich Ihnen leider sagen – liegt daran, dass man zu zaghaft ist und nicht seine gesamten geistigen und emotionalen Kräfte auf sein großes Ziel hin bündelt.

VORAUSSETZUNGEN? GIBT'S KEINE!

Oft dümpelt man an der Oberfläche, lenkt seine Aufmerksamkeit nicht bewusst, sondern kreist unbestimmt um seinen Wunsch oder Traum herum. So können Sie es nicht schaffen, so wäre ich auch nicht mehr unter den Lebenden. Schließlich gibt es genügend Menschen – ich bin nur ein Beispiel unter vielen – die sich buchstäblich wie Baron Münchhausen am eigenen Schopf aus dem Sumpf gezogen haben und sich jeden Tag ihres erfüllten, glücklichen Lebens in all seinen Farben erfreuen. Und es gibt natürlich auch solche, die eigentlich mit einem Silberlöffel im Mund geboren wurden, denen vieles geschenkt wurde, die schön, reich und gesund sind und trotzdem in ihrem Leben herumirren ohne Erfüllung und Glück.

Daraus lernen wir: Die äußeren Voraussetzungen spielen keine Rolle. Ob Sie ganz unten anfangen müssen oder zwei Stufen Vorsprung haben, ist einerlei. Ohne Mühe geht es so oder so nicht, ohne den Kampf auf der Schlussetappe erreichen Sie Ihr Ziel nicht. Ein wenig ist es wie bei meinen schwangeren Patientinnen: Die ersten Monate sind relativ einfach, aber mit der Zeit wird's mühsamer, und das erträumte Kinderglück kommt erst nach schmerzhaften Wehen und der Plackerei der Geburt. Blut, Schweiß und Tränen! Die Frage ist also, worin das Geheimnis eines Menschen liegt, der mit Leidenschaft lebt und seine Ziele anstrebt, der zum Glücklichsein fähig ist – ja, diese Fähigkeit kann man lernen – und der dankbar ist für jeden Tag seines Lebens und das, was er erreicht hat.

NEHMEN SIE IHRE GABEN AN

Ich bin mir ganz sicher, dass jeder von uns nicht nur bestimmte Fähigkeiten und Eigenschaften hat, sondern auch ein besonderes Talent, das nur darauf wartet, entfesselt zu werden. Haben Sie das Talent, anderen Menschen zuzuhören oder sehr fürsorglich zu sein? Oder sind Sie sehr sportlich, musikalisch oder kreativ begabt? Oder humorvoll und klug? Können Sie gut kommunizieren? Sind Sie sehr erfahren in Ihrem Beruf…?

Die Mittel, die Sie zur Verwirklichung Ihrer Träume oder für den Weg aus einer Krise brauchen, liegen tief in Ihrem Inneren und warten nur auf den Moment, in dem Sie sie erwecken und sich für Ihren Wunsch und Ihren Weg entscheiden.

DAUERHAFTE VERÄNDERUNGEN EINLEITEN

Wenn Sie ab heute etwas an Ihrem Leben ändern möchten, darf diese Entscheidung nicht nur bis morgen oder nächste Woche tragen. Eine Veränderung verdient diesen Namen nur, wenn sie von Dauer ist. Kurzfristige Verbesserungen geben Ihnen vielleicht ein gutes

INNERE ENERGIEN FREISETZEN

Gefühl, aber eben nur ein paar Stunden oder Tage. Dann hinterlassen sie Frust und bestätigen den Eindruck, dass man die Situation oder sein Problem nicht im Griff hat und dass sich eben doch nichts ändern lässt.

Wer kennt das nicht? Ein gutes Beispiel für einen kurzfristigen Erfolg sind die sogenannten Bikini-Diäten. In fünf Tagen fünf Pfund weniger – das mag ja gelingen, wenn man entweder auf Kohlenhydrate oder auf Fett oder auf beides verzichtet, bringt aber auf Dauer leider gar nichts und zieht im Zweifel sogar noch die negative Folge des Jojo-Effekts nach sich, weil man bei der Radikalkur Muskelmasse statt Fett verloren hat. Also schiebt man nach diesem Fehlschlag weitere Abnehmversuche auf die lange Bank, weil man das Gefühl hat, dass die Pfunde sowieso an einem kleben bleiben und man nie wieder in seine Lieblingsjeans oder -bikini passen wird.

Das machen Sie ab heute einfach anders! Mein Glücksrezept hat ein paar einfache Prinzipien, die ich Ihnen ans Herz lege, wenn Sie über sich hinauswachsen wollen: **Träumen Sie, lassen Sie los und tun Sie etwas für Ihren Körper.** Denn Ihr Körper und Ihre Geisteskraft sind eng miteinander verknüpft. Schon wie Sie stehen und sich bewegen, Ihre Körperhaltung und Ihr Gesundheitszustand bestimmen Ihre Gedanken und Ihre Gefühle (mehr dazu ab Seite 107). So werden Sie die Energie, Begeisterung und Unbefangenheit Ihrer Kindheit zurückerobern. Schauen Sie sich in Sachen Leidenschaft alles von Kindern ab! Erlauben Sie sich das kindliche Handlungsmuster bei allem, was Sie tun. Kinder setzen in jedem Augenblick alles ein, was in Ihnen steckt.

Fragen Sie sich nicht, was Sie dürfen. Was Sie wollen, das müssen Sie.

JETZT-TIPP: *Sehen Sie das Licht am Ende des Tunnels!*

Die Verzweiflung ist umso größer, je schlimmer Sie ein Problem bewerten und je weniger Sie an seine *Überwindung* glauben. Gedanken wie »Da komme ich nie mehr raus«, »Mein Leben ist vorbei«, »Das halte ich nicht aus« rauben Ihnen den Mut. Diese dürfen sich nicht verfestigen! Machen Sie sich stattdessen **positive Gedanken**, wird es am Ende gut für Sie ausgehen.

Wie kommt es, dass meine Jungs am einen Tag Glanzleistungen bringen und am nächsten Tag keinen Ball treffen? Es kommt von innen, aus dem *inneren Zustand,* in dem sie sich befinden. Sind sie betrübt, ängstlich, traurig oder frustriert, gelingt nichts. Wenn sie sich stark fühlen und voller Begeisterung sind, mobilisieren sie die Kräfte, die der Schlüssel zum Glück sind. So geht's raus aus der Krise: Es sind Gedanken wie: »Ich habe bisher immer eine Lösung gefunden«, »Es geht immer irgendwie weiter«, »Wenn sich eine Tür schließt, öffnet sich eine andere.« Spüren Sie die *positive Energie,* die Sie mit solchen Sätzen freisetzen.

STELLEN SIE SICH IHRE *KONKRETE* AUFGABE

Wenn Sie in einer Situation feststecken, etwa weil Sie sich einsam oder traurig fühlen, weil Sie finanzielle Sorgen plagen oder weil Sie eine ernste Diagnose verkraften müssen, dann ist es allerhöchste Zeit für eine Wende. Halten Sie sich jetzt bloß nicht damit auf, die Situation mühsam zu analysieren und nach Ursachen zu forschen. Der Blick in die Vergangenheit macht Sie nur noch deprimierter. Man ist versucht, Ursachen in äußeren Umständen zu suchen, für die man nichts kann. Genau deshalb verursachen sie ein Gefühl der Ohnmacht. Dass Sie sich weniger schuldig fühlen, hilft Ihnen nicht weiter.

Oder Sie fühlen sich zutiefst schuldig, weil Sie glauben, Sie haben in der Vergangenheit etwas versäumt, nicht gut genug auf sich geachtet, zu viel gearbeitet oder was auch immer. Eine solche Selbstgeißelung kann zur Manie werden und bringt weniger als nichts. Vergessen Sie die Schuldfrage, beenden Sie die Nabelschau.

ES MUSS SCHON PERFEKT SEIN

Ein hoher Anspruch an sich selbst macht das Leben manchmal anstrengend, ist in der Krisenzeit jedoch ein handfester Helfer. Hinter dem Wunsch nach Perfektion, so wie ich sie verstehe, steht nicht die Angst vor Fehlern, Unregelmäßigkeiten und kreativem Chaos. Wer Perfektion anstrebt, ist sicher selbstbestimmt, weil er sich nicht ständig fremden Mustern unterwirft, wie etwas zu sein hat. Zum anderen weiß er, dass er sein Ziel ziemlich gut erreicht. Wenn man nicht das Optimale anstrebt, dann kommt man nirgends an! So mache ich es, und deshalb ist mir vieles gelungen in Sachen Partnerschaft, Beruf, Kinder, Ausgeglichenheit. Das Glück ist nicht nur in kurzen Momenten, sondern auf Dauer bei mir. Wünschen Sie sich wie ich, die Dinge perfekt zu erledigen – für sich selbst und nicht wegen des Bedürfnisses nach Anerkennung. Denn das führt in die Irre. Gerade in Krisenzeiten erfahren wir, dass das Leben nicht perfekt ist. Aber das Streben nach Perfektion lohnt sich, das Streben danach, seine Sache so gut zu machen, wie es eben geht, wie es Ihrer Person, Veranlagung, Zielen und Wünschen entspricht. Dann ist es perfekt. Und Sie werden damit glücklich sein. Geben Sie sich nie mehr damit zufrieden, etwas nur »gut« zu machen! Machen Sie es sich in Ihrer eigenen Welt einfach perfekt. So wie Sie ganz alleine es sich wünschen. Das ist wichtig!

ÜBUNG: ÄNDERN SIE IHREN INNEREN ZUSTAND

Nehmen Sie sich wenigstens 20 Minuten Zeit, ziehen Sie sich mit Schreibzeug in einen ruhigen Raum zurück und sorgen Sie dafür, dass Sie nicht gestört werden.

Schritt 1: Schreiben Sie nun alles auf, was Ihnen in der Vergangenheit gutgetan hat, woran Sie schon als Kind Freude hatten. Was treibt Sie an? Was ist Ihnen Außergewöhnliches gelungen? Ändern Sie Ihren Blickwinkel und picken Sie die schönen Momente heraus. Wenden Sie sich ab von Ihrer Krise oder Krankheit. Klar: Sie müssen Ihre ungute Situation im Moment noch aushalten, das ist richtig. Aber Sie müssen sie nicht akzeptieren, nicht hinnehmen, nicht dulden und sich auf

STELLEN SIE SICH IHRE KONKRETE AUFGABE

Das Streben nach Perfektion lohnt sich, das Streben danach, seine Sache so gut zu machen, wie es eben geht, wie es Ihrer Person, Veranlagung, Zielen und Wünschen entspricht.

FINDE DEINE LEIDENSCHAFT, MACH DEINE TRÄUME WAHR!

diese Weise herunterziehen lassen. Wenden Sie Ihre Aufmerksamkeit auf Themen, die Ihnen Freude spenden. Konzentrieren Sie sich auf die Dinge in Ihrem Leben, die funktioniert haben. Lassen Sie sich von den schönen Ereignissen in Ihrem Leben inspirieren! **Diese erste kleine Bewegung aus der Passivität und Ohnmacht heraus ist ein großer Schritt hin zu einer wirklichen Veränderung.** Wenn ich in meiner schlimmsten Zeit nur im Bett gelegen und mir stundenlang vorgestellt hätte, wie meine Kinder an meinem Grab stehen, dann wäre das womöglich sogar eingetreten. Weil ich mich fröhlich und voller Lebensenergie mit Mann und Kindern auf den Eiffelturm und tanzend auf den Markusplatz nach Venedig geträumt habe, anstatt mich todkrank zu fühlen, habe ich meine Welt in den Griff bekommen. Ich habe mich ganz bewusst von innen gesteuert, meine Glaubensstärke und Nerven umprogrammiert auf einen Glückszustand, und daraus ist schon mehr entstanden, als ich mir je erträumt habe! Das können Sie auch, indem Sie Ihr Gehirn durch die fünf Sinne Hören, Sehen, Riechen, Schmecken und Fühlen mit den richtigen Reizen füttern. Das Kunststück ist, aus den tausend Eindrücken genau die herauszufiltern, die Ihnen guttun. Meine Botschaft ist: Machen Sie sich Ihre ganz eigene Welt. Sie sind dem Leben nicht ausgeliefert. Wenn Sie nicht Ihr Leben auf Ihren eigenen Weg lenken, dann geht's flussabwärts in irgendeine Richtung, nicht in Ihre eigene, womöglich mit katastrophalen Verkettungen.

Schritt 2: Schreiben Sie nun auf, was Sie erreichen möchten. Konzentrieren Sie sich auf das, was Sie wirklich wollen und nicht darauf, was Ihre Eltern, Freunde oder Bekannten von Ihnen erwarten. Bedenken Sie bei diesen Zielsetzungen, dass Sie wirklich an sie glauben müssen. Das heißt, die Ziele müssen zu Ihnen passen, und Sie müssen wirklich in der Lage sein, ihnen gerecht zu werden. Sie müssen im Rahmen Ihrer Möglichkeiten realistisch sein. Wenn Sie auch nur den winzigsten Zweifel haben und ein Ziel nicht mit Ihrer ganzen Leidenschaft und Kraft fühlen, dann sabotieren Sie sich unbewusst, und es wird nichts mit der Veränderung. Glauben Sie absolut vorbehaltlos an Ihre neuen Aufgaben, Ihre neuen Zielsetzungen, Ihre Visionen von einem besseren Leben. Bevor Sie zur Tat schreiten, müssen Sie ein Gefühl der absoluten Sicherheit entwickeln, dass Sie Ihre Anforderungen und Ansprüche an sich selbst erfüllen werden. Das funktioniert nur durch positive echte Gefühle, die Sie beim Vorstellen entwickeln.

Schritt 3: Lesen Sie sich diese Notizen immer wieder durch. In der Rückschau ist es sehr spannend, dokumentiert zu sehen, wie viel die Befreiung der eigenen inneren Kraft bewegt.

Machen Sie es sich in Ihrer eigenen Welt einfach perfekt. So wie Sie ganz alleine es sich wünschen. Das ist wichtig!

DAS *PRINZIP FREUDE* NUTZBAR MACHEN

Sie wissen aus eigener Anschauung und Erfahrung, dass ein Kind, das mit Freude und Spaß bei der Sache ist, unglaublich schnell schwierige Bewegungsabläufe wie Stehen und Gehen, Fahrrad- oder Skifahren lernen kann oder Fertigkeiten wie Gitarrespielen oder eine Fremdsprache.

Ohne Freude und Leidenschaft lernt ein Kind kaum etwas. Allenfalls funktioniert es irgendwie und kann mechanisch wiedergeben, was man ihm vorgibt, wie eine Maschine, die man programmiert hat. Aber es lernt nicht wirklich, wenn es nicht mit dem Herzen dabei ist. Solche gehemmten Kinder entwickeln kein echtes Selbstbewusstsein und damit kein Potenzial, Krisen zu bewältigen.

Vielleicht erkennen Sie bei sich ein solches einengendes Muster. Als Erwachsener ist man oft befangen und hängt in alten Schemata fest, die einen daran hindern, die eingefahrenen Pfade zu verlassen. Deshalb ist es so wichtig, dass Sie wirklich an das glauben, was Sie erreichen möchten. Erst wenn Ihre neuen Glaubenssätze mit Ihnen und Ihrer Leidenschaft übereinstimmen, erhalten Sie Zugang zu Ihren inneren Kräften, die Sie befähigen werden, sich jeder Herausforderung des Lebens zu stellen. Menschen, die aufsehenerregende Großtaten vollbringen, sind Meister darin, ihre inneren Kraftquellen anzuzapfen.

SIE SIND, WAS SIE FÜHLEN

Alles was Sie tun, entsteht aus Gefühlen heraus und wirkt auf Ihre Gefühlswelt zurück. Kinder sind darin authentisch, denn sie haben noch nicht gelernt, sich allein auf den Verstand zu verlassen. Dieser versetzt uns in rückwärtsgewandte, unproduktive Gefühlslagen und verbaut uns den Kontakt zu unseren inneren Ressourcen, unserer Energie. Man läuft Gefahr, zum Spielball äußerer Umstände zu werden, und gerät ins Hintertreffen.

Es ist das Bequemste, sich mit bestimmten Essgewohnheiten, einer großen Enttäuschung oder einer schlimmen Diagnose oder Trennung abzufinden und zu resignieren. Nur indem man versucht, seine Emotionen zu steuern, lenkt man das Leben wieder in die gewünschte Richtung.

So wichtig wie die Beherrschung der eigenen Gefühle ist es, gut auf seine Gesundheit zu achten. Erst wenn Sie sich gut in Ihrem Körper fühlen (mehr dazu ab Seite 107), sind Sie in der Lage, Ihre Ziele zu erreichen und Ihr Leben in die Hand zu nehmen.

JETZT-TIPP: heute leben

Lernen Sie, sich in der Gegenwart aufzuhalten und **von einem Tag auf den anderen** zu leben. Manchmal fühlt man sich von einer schwierigen Situation so überwältigt, dass man sich nicht vorstellen kann, noch länger durchzuhalten. Konzentrieren Sie sich nur auf heute. **Einen Tag** schaffen Sie immer: »Heute kann ich es schaffen, und ich werde es schaffen.« Was können Sie also *heute* für sich tun?

JETZT-TIPP:
bewährte Kräfte reaktivieren

Erinnern Sie sich an Situationen in Ihrem Leben, die Sie erfolgreich gemeistert haben. Sie haben sicher in Ihrem Leben schon viele Herausforderungen bestanden. Die *Energien,* die Sie dafür eingesetzt haben, stecken noch in Ihnen, und Sie können sie *wachrufen.* Was hat Ihnen damals die Kraft dazu gegeben? Was haben Sie sich damals gesagt? Was haben Sie getan, wen haben Sie um Unterstützung gebeten? Können Sie **dieses Mal genauso** vorgehen?

FINDEN SIE DAS GUTE IN DER VERGANGENHEIT

Nehmen Sie sich Zeit für eine intensive Rückschau. Denken Sie über die letzten fünf bis zehn Jahre nach. Machen Sie das nicht nur an runden Geburtstagen, die Sie sich damit leicht verderben können, sondern jetzt gleich.
Bestimmt gab es Phasen, in denen Sie glücklich waren! Schauen Sie dorthin zurück! Große und kleine Begebenheiten, die Sie niemals vergessen werden, Momente des Glücks, auch Erfolgserlebnisse in Ihrer Kindheit. Wenn Sie einmal Erfolg hatten, werden Sie's wieder schaffen. Es gelingt auch in Zukunft wieder. Das gilt für alle Lebenslagen.
Es kann sein, dass solche positiven Momente bei Ihnen schon weit zurück liegen und Sie von Ihrer aktuellen Situation schier erdrückt werden. Dann versuchen Sie aus einer anderen Perspektive auf Ihr Leben zu blicken. Erlauben Sie sich, all die schmerzlichen Dinge beiseitezuschieben. Versuchen Sie es zuerst minutenweise, stundenweise und dann immer länger. Trauen Sie sich und schaffen Sie Platz wie in einem Kleiderschrank (siehe Kapitel Loslassen ab Seite 85). Verbannen Sie das Negative aus Ihrem Kopf. Es ist Ihr Kopf. Sie sind niemandem Rechenschaft schuldig. Schließen Sie Frieden mit Ihrer Vergangenheit.

BLICKEN SIE VOLL HOFFNUNG IN DIE ZUKUNFT

Wenden Sie nun den Blick nach vorn und versuchen Sie, was ich während der Chemo-Infusion gemacht habe: Stellen Sie sich vor, Sie fangen mit Begeisterung etwas Großes, Neues an, und Sie glauben felsenfest, dass Sie darin Erfolg haben werden. Konzentrieren Sie sich auf dieses Glücksgefühl. Zwingen Sie sich, an den Erfolg zu glauben, den Sie sich in Ihren kühnsten Träumen ausgemalt haben, und gehen Sie die Dinge mit voller Wucht an. Dann werden Sie die gleichen Glücksgefühle erleben wie ich.

- Haben Sie sich für die Ausbildung entschieden, die wirklich zu Ihnen passt, und sie mit Leidenschaft verfolgt?
- Wollen Sie sich beruflich verändern? Suchen Sie eine Aufgabe, die Ihnen täglich Freude bereitet, die Sie erfüllt, Ihnen Anerkennung bringt und in der Sie etwas Positives bewegen können?
- Wollen Sie sich für das Leben mit einem Partner entscheiden, mit dem Sie ein Höchstmaß an innerer Übereinstimmung haben?
- Wollen Sie sich für ein Kind entscheiden?
- Wollen Sie Ihre Geldknappheit überwinden?

- Wollen Sie endlich mit Sport beginnen?
- Wollen Sie nur eine Opernpremiere besuchen, Urlaub auf Hawaii machen oder den Nanga Parbat besteigen?
- Haben Sie Geld in ein Eigenheim investiert, haben Sie sich für einen Yoga-Kurs an der Volkshochschule angemeldet?
- Haben Sie mit Laufen angefangen, mit dem Rauchen aufgehört?
- Sind Sie umgezogen und wollen am neuen Wohnort neue Kontakte schließen?
- Mussten Sie in den letzten Jahren schwere Erschütterungen verkraften, Enttäuschungen oder Ungerechtigkeit?

Sie sehen schon, worauf es hinausläuft: Ich bin aus eigener Erfahrung zutiefst davon überzeugt, dass jeder von uns seines Glückes Schmied ist. Es sind nicht die äußeren Umstände, die uns lenken, es sind immer wir und unsere ureigenen Entscheidungen und das, was wir von Geburt an in diese Welt mitbringen. **Visualisieren Sie die Zukunft so, wie Sie sie gerne haben wollen. Und dann stellen Sie sich vor, dass dies die Gegenwart ist!**

Ihr unbedingter Glaube wird Sie anstacheln!

JETZT-TIPP: Werden Sie zur Meisterin Ihres Lebens

Um in die *Offensive* zu kommen und neue Strategien zu entwickeln, sollten Sie Ihre Gefühle beherrschen und wieder lernen, **auf Ihre Wünsche zu achten.** Warum zum Beispiel möchten Sie wieder gesund sein? Weil Sie sich dann wieder besser fühlen und lachen können, weil Sie dann wieder selbstständig sind und nicht von der Pflege durch andere Menschen abhängen, weil Sie wieder Kraft haben, weil Sie wieder selbstsicherer sind und erreichen können, was Sie möchten, weil Sie wieder einen normalen Alltag haben, auf Augenhöhe mit den Menschen, die Sie lieben …

Oder: Warum möchten Sie abnehmen? Weil Sie sich dann attraktiver, fitter, sexy und gesund fühlen, weil Sie sich so lieber mögen. Oder: Warum möchten Sie eine neue Stelle? Weil Sie dort neue Menschen treffen, weil es Ihnen dort besser geht, weil Sie sich dort besser entfalten können oder weil Sie dort besser verdienen und sich und Ihrer Familie einen besseren Lebensstandard bieten können.

INTERESSE *ODER* ENGAGEMENT?

Wie oft haben Sie sich schon gesagt: »Ich möchte endlich mal fünf Kilo leichter sein«? Oder: »Ich will mehr Freude an meinem Beruf haben.« Oder: »Ich will aktiv und sportlich sein.« Oder: »Ich will mit einem anderen Menschen leben.« Das ist alles schön und gut. Das Problem dabei ist nur, dass solche Aussagen völlig frei von Emotion und Leidenschaft sind. So gelingt nichts. Sorry. Sie könnten genauso gut sagen: »Ich wäre daran interessiert, abzunehmen.« Oder: »Es wäre zu begrüßen, wenn mir mein Beruf mehr Spaß machen würde.« – »Es wäre gut für mich, sportlich zu sein.« – »Es wäre nicht schlecht, wieder gesünder zu sein.« – »Vielleicht gibt es ja doch noch den Mr. Right respektive die Miss Perfect für mich.« Wie gesagt, das ist alles gut und schön. Aber so kommen Sie nicht in die Gänge und werden nichts an Ihrer Situation ändern. Dabei wollen Sie doch Berge versetzen und keine Maulwurfshügel.

Natürlich müssen Sie sich ein Ziel setzen, und zwar sofort. Und Sie müssen eine Veränderung Ihrer Persönlichkeit anstreben, und zwar mit jeder Faser Ihres Herzens, mit aller Leidenschaft, die Sie in die Waagschale werfen können. Das ist der Weg zu außergewöhnlichen Leistungen und zum Lebensglück!

Ihr unbedingter Glaube wird Sie anstacheln! Glauben Sie einfach an eine prächtige Zukunft und lassen Sie nichts anderes zu. **Schrauben Sie Ihre Erwartungen nach oben!** Nur so fühlen Sie eine innere Verpflichtung, etwas zu verändern und Ihr Schicksal aktiv in die Hand zu nehmen. Stellen Sie jetzt grundlegende Richtlinien auf, was Sie in Ihrem Leben von sich erwarten, fühlen Sie's voraus! Leben Sie danach, auch wenn ringsum die Welt untergeht.

Das alles schaffen Sie alleine, auch wenn es viel angenehmer ist, wenn man einen Partner, gute Freunde oder eine Familie hat, die einem dabei den Rücken stärken. Aber wer soll Ihr Leben planen oder verändern, wenn nicht Sie?

TIPP: *hilfreiche Menschen*

Es tröstet und hilft, Menschen zu treffen, die mit einem *ähnlichen Schicksal* kämpfen oder es gemeistert haben. »Wenn die das packt, gelingt es auch mir.« Gibt es in Ihrem Freundes- oder Bekanntenkreis jemanden mit ähnlichen **Erfahrungen?** Rufen Sie sie oder ihn an. Es ist immer hilfreich, jemandem sein Herz auszuschütten. Wer Ihnen nahesteht, kann Ihnen helfen, sich nicht in Ihr Leid hineinzusteigern, dass Sie jegliche Objektivität verlieren und hemmungslos übertreiben. Menschen, denen wir *vertrauen,* holen uns bei Bedarf auf den **Boden der Tatsachen zurück** und lenken den Blick in eine andere Richtung. Außerdem tut es immer gut, sich auszusprechen. Wenn es Ihnen hilft, können Sie Ihre Gedanken auch einem Tagebuch anvertrauen.

INTERESSE ODER ENGAGEMENT?

TIPP: Stellen Sie die richtigen Fragen

Was kann ich aus der Krise lernen? Wie kann ich *gestärkt* herauskommen? Sie werden sehen, sobald Sie beginnen die Situation zu bändigen, fühlen Sie sich nicht mehr als Opfer und erlangen eine **positive Perspektive**. Mir war immer klar: Ganz gleich, wie schlimm die Lage ist, ich muss da raus, muss die Situation zum Guten verändern. Das ist es: *Entwicklung!* Sie werden nicht glauben, wozu Sie fähig sind. Schreiben Sie mir bitte und berichten mir Ihre Erfolgs- und Glückserlebnisse. Ich bin schon neugierig auf Ihre Post!

SCHLUSS MIT DEN BILLIGEN AUSREDEN!

Ausflüchte, warum man jetzt leider gerade gar nichts tun kann, gibt es viele: Fühlen Sie sich zu krank und schwach dazu, zu alt oder zu jung? Waren Ihre Eltern nicht gut zu Ihnen, hatten Sie eine schwere Kindheit oder Jugend, nicht die richtigen Chancen …? Diese Entschuldigungen sind nichts wert. Ganz im Gegenteil, vergessen Sie das alles, sonst wird es Sie hemmen und Ihnen schaden. Es gibt tausend Beispiele dafür, dass Kinder aus einfachen Verhältnissen ihr Ding gemacht haben – trotz der erbärmlichsten Startbedingungen. Suchen Sie sich eine positive Umgebung. Wenn Sie jemand herunterzieht, lächeln Sie freundlich und wenden sich anderen zu. **Es ist Ihr Leben, Ihre Träume, Ihr Glück.**

STEHEN SIE ZU DEM, WAS SIE WOLLEN

Noch einmal: Je leidenschaftlicher und kraftvoller, je unbekümmerter und egoistischer Sie hinter Ihrem Wunsch, Ihrem Traum, Ihrem Entschluss zur Veränderung stehen, desto eher durchbrechen Sie die Mauer der Ausflüchte und Entschuldigungen. So können Sie Einfluss nehmen auf Ihre Freundschaften und Ihre Paarbeziehung, Ihre körperliche Fitness und Ihr berufliches Umfeld, auf Ihr Einkommen und Ihr Wohlbefinden.

Allein Ihre Leidenschaft bestimmt die Intensität Ihres Engagements, ganz gleich ob Sie gerade glücklich oder traurig sind, sich als Opfer äußerer Umstände sehen oder als ein Mensch, der seinen Willen zum Ausdruck bringt – wie mein Jüngster, der unbedingt das Fußballtrikot braucht.

Nur wenn Sie wirklich felsenfest entschlossen sind, werden Sie alles hinkriegen und bekommen, was Sie wollen, egal ob Sie nach Neuseeland auswandern möchten, jugendlich und attraktiv aussehen, ob Sie Japanisch oder Golf spielen lernen.

Ändern Sie etwas, wenn Sie in der Beziehung mit Ihrem jetzigen Partner unglücklich sind, wenn Ihnen Ihr Job nicht mehr gefällt, wenn Sie mit sich unzufrieden sind, wenn Sie mit

ÜBUNG:
Finden Sie Ihre Leidenschaft

Um ein *Ziel* zu formulieren, das wirklich zu Ihnen passt, brauchen Sie den Zugang zu Ihrer **inneren Energie.** Nehmen Sie sich etwas Zeit und ein Notizbuch, in dem Sie für sich ehrlich und spontan die folgenden Fragen beantworten:

- Was lieben Sie?
- Was hassen Sie?
- Was entfacht Ihre Leidenschaft?
- Was wollen Sie wirklich?
- Was treibt Sie vorwärts im Leben?
- Welche Ihrer Entscheidungen haben Ihr bisheriges Leben positiv geprägt?
- Wie haben diese Ihr Leben zum Positiven hin verändert?
- Was hat Sie letztlich zu Ihren erfolgreichen Entscheidungen gebracht?
- Welche neuen Entscheidungen wollen Sie jetzt umsetzen?
- Wie werden diese Ihr Leben tiefgreifend und für immer verbessern?
- Wie sieht Ihre Zielvision aus und welche einzelnen Schritte führen Sie dorthin?

dem Rauchen aufhören wollen, wenn Sie wieder gesund sein möchten.

Schaffen Sie Ihre eigene Wirklichkeit, bauen Sie Ihre Welt um sich herum. Vergessen Sie alle negativen Überzeugungen aus der Vergangenheit, werfen Sie sie über Bord gemeinsam mit allem anderen Überflüssigen (zum Loslassen siehe ab Seite 85).

Gehen Sie die Aufgabe jetzt an und achten Sie bloß nicht darauf, was Ihr Umfeld denkt. **Ziehen Sie Ihr Ding durch! Seien Sie entschlossen und setzen Sie so Ihren Entwicklungsprozess in Gang.**

WAGEN SIE DEN BRUCH

Eine feste Entscheidung für einen bestimmten Weg ist so klar, dass sie jede andere Möglichkeit ausschließt. Das englische Wort für Entscheidung heißt *decision*. Es setzt sich zusammen aus der Vorsilbe *de-* (weg-, ab-) und dem lateinischen Verb *caedere* (brechen, hauen). Zusammen bedeutet das also »abtrennen« oder »durchbrechen«. In einer Entscheidung steckt also der Absprung von der bisherigen Situation. Sie visieren zielstrebig eine bestimmtes Ergebnis an und versperren jeden anderen Ausgang. Sie stehen an der Weggabelung und blockieren alle Abzweigungen außer Ihrer einzig wahren und richtigen. Haben Sie keine Angst vor Rückschlägen und Misserfolgen. Was würden Sie tun, wenn Sie wüssten, dass es sicher gelingt? Die Antwort darauf muss Ihr Kompass sein.

Auf den nächsten Seiten zeige ich Ihnen nun Schritt für Schritt, wie Sie die Verantwortung übernehmen und mit der gebotenen Leidenschaft Ihre eigenen Glücksziele sicher erreichen und den einen oder anderen Teufelskreis jetzt sofort unterbrechen werden.

Was würden Sie tun, wenn Sie wüssten, dass es sicher gelingt? Die Antwort auf diese Frage muss Ihr Kompass sein.

FINDE DEINE LEIDENSCHAFT, MACH DEINE TRÄUME WAHR!

> **JETZT-TIPP:**
> *Entschluss mit Tragweite*
>
> Sie können Ihr Leben an einem einzigen Tag grundlegend ändern und neu gestalten. Das ist ganz einfach: **Treffen Sie heute die Entscheidung,** wie Sie in zehn Jahren leben möchten, wer Sie sein wollen, wie Sie sich dabei fühlen und wofür Sie sich einsetzen möchten, um Ihre Vorstellungen in die *Tat* umzusetzen.

SO *ÜBEN* SIE IHRE ENTSCHLUSSKRAFT

Wissen Sie nicht so recht, wie Sie Ihr Leben ändern sollen? Keine Sorge. Anfangs kommt es gar nicht darauf an, auf welche Weise man ein bestimmtes Ziel erreicht, sondern vielmehr darauf, dass man fest überzeugt ist und überhaupt losgeht. Komme, was da wolle!

Machen Sie sich zuerst klar, was Sie erreichen wollen. Das ist das A und O. Sie müssen wissen, was Sie wollen. Visieren Sie das Ergebnis an und versperren Sie dabei innerlich den Zugang zu jeder anderen Möglichkeit. **Fixieren Sie sich auf das Ergebnis. Stellen Sie es sich vor mit all Ihren Sinnen. Was fühlen, sehen, schmecken, hören Sie?** Das ist bei jedem von uns anders. Die einen werden durch Bilder und Farben motiviert, andere durch Sinneseindrücke wie Geräusche oder Stimmen, andere besonders durch innere Gefühle. Wir finden das später gemeinsam heraus.

Geben Sie sich nicht mit Kleinigkeiten ab. Gehen Sie aufs Ganze. Und halten Sie sich vor Augen, dass Ihnen Anstrengungen bevorstehen. **Seien Sie bereit, zu tun, was es braucht, um Ihr Ziel zu erreichen.**

BEI FEHLSCHLÄGEN DURCHHALTEN!

Sie müssen leider lernen, mit Enttäuschungen auf dem Weg umzugehen. Frustration kommt vor. Ich kenne sie nur zu gut, aber ich rege mich nicht mehr über alle möglichen Kleinigkeiten auf. Denn das bringt gar nichts. Lassen Sie sich auf Ihrem Weg zum Glück von Rückschlägen oder Ablehnung nicht entmutigen. Lernen Sie daraus, nehmen Sie's als Rückkoppelung wahr und drehen Sie den Spieß um. Denn es gibt im Leben keine Fehlschläge, es gibt immer nur Zwischenergebnisse, auf denen wir aufbauen können.

Unterwegs werden Sie zweifellos auch unangenehme Lehren ziehen und Fehler machen. Lernen Sie aus ihnen, denn Sie sind auf Ihrem Weg aus der Krise hin zum Glück. Lernen Sie aus den Fehlern in Ihrem Leben. Sehen Sie sie als Chance für die künftige Entwicklung. Misserfolge sind kein Ballast, sondern Erkenntnisgewinn und der Beginn des nächsten Anlaufs. Mit meinem Namen Kuchenmeister können

Es gibt keine Fehlschläge, es gibt nur Zwischenergebnisse, auf denen wir aufbauen können.

Sie eine schöne Metapher für Ihre Strategie verknüpfen! Sie können zum Beispiel einen herrlichen Zwetschgenkuchen backen, wenn Sie ein Rezept haben, also einen genauen Plan, welche Zutaten und Arbeitsschritte in welcher Reihenfolge es braucht. Wenn Sie Omas Rezept nicht mehr haben, müssen Sie herumprobieren bei den Zutaten, Mengen und allem anderen. Also: Wenn andere schon erreicht haben, was Sie anstreben, dann machen Sie es ihnen nach. Sie sparen sich viel Mühe.

Ändern Sie an meinem Glückskonzept (oder Ihrem Kuchenrezept) herum, wechseln Sie Ihre Strategie, bis Sie zuletzt am Ziel Ihrer Wünsche sind: Gesundheit, finanzielle Sicherheit, Gelassenheit, Selbstbewusstsein oder, wenn das Ihr Ding ist, Auswandern nach Mallorca oder einfach der beste Zwetschgenkuchen der Welt …

DER RUCK IST DER DURCHBRUCH

Ihre Entscheidung, ein sichtbares Ergebnis zu erzielen, wird eine Kettenreaktion in Gang setzen. Wenn Sie entscheiden, was Sie von ganzem Herzen wollen, und sich zum Handeln aufraffen, haben Sie einen Riesenschritt gemacht. Gratulation!

Schon in diesem Moment lassen Sie Gefühle von Ohnmacht und Selbstmitleid, die für eine Krise typisch sind, hinter sich. Wenn Sie dann weitermachen, auch aus Fehlern auf Ihrem Weg lernen und Ihren Lösungsansatz oder Ihre Zielsetzung anpassen, dann ist der innere Impuls da, der Sie letztlich zu Ihrem gewünschten Ergebnis führen wird. Sobald Sie all Ihre innere Kraft dafür einsetzen, den Stein endlich ins Rollen zu bringen, ergibt sich das Wie von selbst.

Das Ziel als Kraftquelle

Sie werden sehen: Wenn Sie eine echte Entscheidung getroffen haben, und wenn sie Ihnen noch so schwergefallen ist, weil Sie niedergeschlagen oder deprimiert sind, dann werden Sie **ungeheuer erleichtert** sein: Sie sind wieder Meister Ihres Lebens. Das **klare Ziel** vor Augen spendet eine Unmenge Kraft. Und je mehr Entscheidungen Sie in Zukunft treffen werden, **desto mehr Kraft** wächst Ihnen zu.

FINDE DEINE LEIDENSCHAFT, MACH DEINE TRÄUME WAHR!

ÜBUNG: Machen Sie es anders!

Diese Übung gibt Ihnen positive Impulse, mit denen Sie **sofort eine Veränderung** Ihrer aktuellen Lage einleiten können, so verfahren Sie Ihnen auch scheint. Nehmen Sie sich jetzt direkt etwas Zeit für sich und ziehen Sie sich mit Schreibzeug an einen ruhigen Ort zurück.

- Schreiben Sie **drei Dinge** auf, die Sie schon lange angehen wollten, aber aufgeschoben haben. Diese nehmen Sie nun in *Angriff:* Sie fangen also heute mit dem Laufen an, hören mit dem Rauchen auf oder versöhnen sich mit jemandem, mit dem Sie Streit hatten.
- Schreiben Sie zu jedem der **drei Ziele,** was es Ihnen bedeutet. Welche *positiven Gefühle* verbinden Sie damit? Malen Sie es sich in allen Farben aus. Machen Sie berauschende, fröhliche *Bilder.* Seien Sie dabei ehrlich: Hatten Sie bisher Angst? War der innere Schweinehund übermächtig? Haben Sie nicht an sich geglaubt? Fühlt sich Nichtstun besser an als das Handeln? Oder hatten Sie bisher einfach keine Zeit?
- Notieren Sie jetzt alle **positiven Erfahrungen,** die Sie mit Ihrem bisherigen hemmenden *Verhaltensmuster* gemacht haben. Wenn Sie etwa abnehmen möchten, sich aber abends immer wieder Chips oder Schokonüsse

gegönnt haben, dann sind Sie dem Verzicht aus dem Weg gegangen. Also müssen Sie in Zukunft **einen Weg finden,** weiterhin zu genießen und trotzdem ihrem ursprünglichen *Ziel* treu zu bleiben.

- Schreiben Sie auf, welche **negativen Folgen** Sie aushalten müssen, wenn Sie jetzt nichts ändern. *Was passiert,* wenn Sie Fett und Zucker wie bisher konsumieren, wenn Sie Ihre Steuererklärung nicht endlich abgeben, das Rauchen nicht aufhören, sich nicht um Ihre Fitness kümmern? Wie sieht **Ihr Leben** dann in fünf oder zehn Jahren aus? Wie wirkt sich das auf Ihr Gefühlsleben aus? Wie auf Ihre Energie, Ihren Selbstwert, Ihre Finanzen, Ihre Beziehung zu anderen? Welche Gefühle rufen diese Gedanken nun in Ihnen wach? Womöglich Angst oder Trauer, also Gefühle, die Sie schwächen. Nutzen Sie diese als *Triebfeder* für Ihr Handeln. Sie können Sie dazu motivieren, aktiv zu werden. Sie wollen doch Ihre positive Erfahrungen mehren.

- Im letzten und wichtigsten Schritt notieren Sie nun **alle Vorteile,** die Sie haben, wenn Sie handeln. Wie toll Sie sich fühlen werden, wenn Sie ein paar Pfund leichter sind, wie gut Sie aussehen, wie fit und stark Sie sind. Sie werden stolz sein auf Ihre **Willenskraft und Disziplin,** die Sie auf alle Lebensbereiche ausdehnen können. Sehen Sie in eine rosige Zukunft mit einem *Zugewinn an Lebensqualität.*

FESTIGEN SIE IHRE ENTSCHEIDUNG

Prinzip 1: Denken Sie daran, dass eine echte Entscheidung Sie aus der Ohnmacht befreit. Mit diesem Werkzeug können Sie jederzeit Ihr ganzes Leben ändern. Das betrifft Ihr Aussehen, Ihren Alltag, Ihren Beruf, Ihr Privatleben, Ihr Wohlbefinden und Ihre Gefühlswelt.

Sie verändern sich bereits in dem Moment, in dem Sie eine Entscheidung treffen. Zum Beispiel: »Heute tue ich mir etwas Gutes, indem ich eine halbe Stunde laufen gehe.« Oder Sie ziehen sich zehn Minuten lang auf Ihr Sofa zurück, schließen die Augen und malen sich Ihre schönsten Vorstellungen für die Zukunft aus. Gestalten Sie sie in Ihrer Fantasie aus: großartig, warm und schön.

Genießen Sie die Freude, die Ihnen diese Bilder bringen. Sie werden sehen, wie sich Ihre Laune dabei hebt. Wehren Sie innere Kritiker ab, die Ihnen einflüstern wollen: »So ein Quatsch, du spinnst ja.« Aalen Sie sich gesund und vergnügt mit Ihrem Liebsten in den Wellen der Karibik und schauen Sie Ihren Kinder dabei zu, wie sie Sandburgen bauen. Oder Sie sind nach einer Kinderpause wieder erfolgreich im Job oder Sie treten als Quereinsteiger-Lehrerin an und kommen mit den Kindern in Ihrer Klasse super zurecht. Oder Sie laufen entspannt durch den Wald und spüren jede Faser Ihres Körpers und Ihren tiefen Atem, Ihre Lebensfreude …

Fragen Sie sich nicht, was es in Ihrem Leben für Grenzen gibt. Machen Sie Ihr Ding. Spielen Sie geistig mit Ihren Fähigkeiten und Talenten beim Erträumen einer wunderbaren Vision Ihrer Zukunft. Also: kein Gekrittel und Genörgel mehr! Die Zeit für die realistische Betrachtung Ihrer Zielsetzung kommt früh genug. Machen Sie mal für sich alleine eine wirklich schöne, geheime Ideensammlung auf einem Blatt Papier.

Prinzip 2: Machen Sie sich bewusst, dass das Schwierigste an der Überwindung einer Krise und dem Weg zu einem neuen Ziel darin besteht, dem Ziel unerschütterlich treu zu bleiben. Entscheiden Sie sich also wohlüberlegt, aber gehen Sie es wirklich an. Halten Sie sich nicht gleich mit Fragen auf, wie Sie Ihr neues Ziel anpacken sollen oder ob es gelingen kann. Sie werden Rückschläge erleben, so wie ich auch. Macht nichts. Lassen Sie sich nicht entmutigen. Ich sage Ihnen: Je mehr Ablehnung und Rückschläge Sie erleben, umso größer wird am Ende Ihr Glück. Es ist egal, wenn jemand zu Ihnen Nein sagt. Lassen Sie sich dadurch nicht den Tag verderben, stecken Sie's weg, und erledigt.

So wird Ihre einmal getroffene Entscheidung tatsächlich die Dinge in Bewegung bringen. Darauf gebe ich Ihnen mein Wort. Zögern Sie also nicht und machen Sie es einfach wie ich.

Was ist die Alternative?

Denken Sie immer daran: Wenn Sie einfach so **weitermachen** wie bisher, bekommen Sie nur, was Sie **bisher** immer bekommen haben. Aber das wollen wir nicht. Wir wollen Veränderung hin zum *Glück!*

Prinzip 3: Treffen Sie Ihre Entscheidungen selbst und überlassen Sie das nicht (mehr) anderen. Sie sind der einzige Mensch auf der Welt, der Ihr Geschick lenken kann. Schieben Sie lästige Entscheidungen nicht mehr auf die lange Bank. Vergessen Sie die Frage: »Soll ich oder soll ich lieber doch nicht?« So setzen Sie ungeahnte Energien frei.

Prinzip 4: Lernen Sie aus Fehlern. Nicht jede Entscheidung, die Sie einmal getroffen haben, ist die richtige und fühlt sich gut an. Manchmal setzen wir etwas in den Sand. Das ist normal und nur menschlich. Seien Sie in einem solchen Fall nicht zu streng mit sich. Rückschläge gehören zum Leben. Sie haben nichts mit Versagen oder Schwäche zu tun. Wie die Engländer sagen: *shit happens*. Danach stehen Sie auf, schütteln sich, und es geht weiter voran. Versuchen Sie die Situation dann aus einem anderen Blickwinkel zu sehen. Jeder Fehler, den wir machen, hat eine gute Seite. Fragen Sie sich, was es aus dem Fehler zu lernen gilt. Nehmen Sie die Lektion an. In die gleiche Falle werden Sie in Zukunft nicht mehr tappen.

Prinzip 5: Halten Sie an Ihrer Grundsatzentscheidung unbedingt fest. Natürlich werden Sie hin und wieder Fehlentscheidungen revidieren müssen. Seien Sie also flexibel bei der realen Umsetzung. Aber sonst heißt es: Allein Ihr angestrebtes Ziel zählt. Kleben Sie fest daran wie mit Superkleber. So werden Sie es erreichen, egal mit wie vielen Misserfolgen der Weg gepflastert ist. Beschreiten Sie auch unbekannte Wege. Bedenken Sie, dass viele Wege zum Glück führen können. Probieren Sie eine andere Strategie, wenn Sie festhängen.

Sehen Sie Ihren Weg als das einzig Gerade an. Alles andere darum herum mag wie ein Labyrinth aussehen – Sie gehen immer geradeaus.

Prinzip 6: Freuen Sie sich über jede wegweisende Entscheidung, die Sie treffen. Denn sie hat das Potenzial, von einem Tag auf den anderen Ihr ganzes Leben zu verändern.

VERÄNDERUNGEN EINLEITEN – SO *GELINGT* ES

Viele von uns lassen sich von einem falschen Selbstbild behindern. Wir unterschätzen, wozu wir wirklich imstande sind. Das kommt von Fehlschlägen in der Vergangenheit. Manchmal denke ich, dass solche negativen Überzeugungen unsere ganze Gesellschaft einzwängen wie ein Korsett.

Alte Gefühle des Versagens und der Schwäche schleppt man mit in die Gegenwart und in die Zukunft. Man traut sich nichts zu. Aus Versagensangst konzentriert man sich dann darauf, die Situation, Krise oder Katastrophe möglichst realistisch einzuschätzen. Man überlegt, wie man einigermaßen heil herauskommt und mit welchen Blessuren man rechnen muss. Hat man den Arbeitsplatz verloren, fragt man sich, wie man wohl mit Hartz IV über die Runden kommt. Hat einen der Partner wegen einer jüngeren Frau verlassen, betrauert man sich erst mal und ist sauer auf den Kerl. Ist man lebensbedrohlich erkrankt, denkt man darüber nach, ob man die Behandlung wohl überlebt, man denkt ans Testament und die Trauer der Familie, wenn man nicht mehr sein wird.

Das ist natürlich ein äußerst krasses Beispiel. Aber es zeigt, worauf ich hinauswill: Wenn Sie Niedergeschlagenheit und Trauer immer mehr Raum geben, verdichtet sich das als unausgesprochenes Ziel im Gehirn. Je öfter Sie dem Pfad dorthin folgen, desto breiter machen Sie ihn. Sie laufen Gefahr, ihm immer wieder zu folgen. So lassen Sie alle anderen Wege veröden und verwildern.

WEG MIT DEM ALTEN *IRRGLAUBEN!*

Gerade in schwierigen Lagen ist man versucht, das eigene Leben nur von äußeren Umständen und Ereignissen geprägt zu sehen: Man selbst kann nichts für die Situation, in der man steckt. Die Umwelt und andere Menschen sind schuld daran, dass es so weit gekommen ist. Das ist falsch. Natürlich gibt es äußere Umstände, die Sie nicht steuern können. Unvorhergesehenes kann das Leben vom einen auf den anderen Tag umkrempeln. Natürlich kann ein Orkan Ihnen das Dach abdecken. Die Firma, in der Sie arbeiten, kann pleite gehen. Ihr Partner kann sich als kolossaler Lügner entpuppen. Sie können plötzlich krank werden oder sich ein Bein brechen.

Das Leben ist eben doch kein langer ruhiger Fluss, und es steckt voller Veränderungen, die Sie als Chancen annehmen müssen: Sie können jetzt endlich Ihr Dach neu decken und gleich Solarpaneele darauf anbringen lassen. Oder Sie können endlich die Firma wechseln; die alte war womöglich keine echte Perspektive für Sie. Oder Sie trennen sich und sind endlich frei und unbeschwert und müssen sich nicht über jede Banalität mit einem Menschen abstimmen, mit dem Sie emotional nichts mehr verbindet. Sie können die Chance ergreifen, endlich etwas für sich tun, Ihre Ernährung umstellen und Ihren Körper stärken. Sie können endlich neue Pläne machen.

DER KLOTZ IM KOPF

Der Hemmschuh sind nicht die äußeren Umstände, sondern die eigenen Überzeugungen. Diese bestimmen, wie Sie ein Ereignis erleben. Mit anderen Worten: Sie haben den Klotz nicht am Bein, sondern im Kopf. Unendlich viele Reize wirken laufend auf uns ein. Nur Sie selbst können aussortieren, nur Ihr eigenes Glaubenssystem kann die Dinge umdrehen und das scheinbar Unmögliche schaffen. Sie müssen es unbedingt glauben und wollen; dann werden Sie Berge versetzen können.

Wie Sie die Welt deuten und bewerten, hängt mit Ihren positiven und negativen Erfahrungen zusammen. Diese subjektiven Leitsätze haben eine enorme Kraft. Diese kann negativ und zerstörerisch wirken. Dann lähmt sie einen und setzt einen matt.

Oder Sie löst im Gegenteil schöpferische Impulse aus. Selbst aus entsetzlichen Situationen lässt sich so eine positive Kraft gewinnen, auch wenn gewisse Mitmenschen etwas anderes predigen. Meine eigene wahre Geschichte beweist, dass der Glaube an meine Gesundung unentbehrlich war. Mein Glaube an das Überleben, an die Überwindung meiner schlimmen Krebserkrankung, ist Wirklichkeit geworden. Sagen auch Sie Ihrem Kopf, was er tun soll! Wandeln Sie schlechte Erfahrungen um, indem Sie den Schmerzen und dem Leid einen positiven Sinn verleihen. So werden Sie zu der Gewissheit gelangen, dass Sie gelitten und überlebt haben, um nun Ihren neuen Glauben zu wählen und sich nicht mehr durch alte, böse Erfahrungen einzuengen. Bestimmen Sie selbst, was Sie glauben, und Sie werden es bekommen! Nehmen Sie mich zum Vorbild und sagen Sie sich: »Wenn die Kuchenmeister es schafft, dann kann ich das auch! Jawohl!«

DER GLAUBE KANN BERGE VERSETZEN

Jedes Glaubensmuster wirkt sich auf unsere Gefühlswelt und unsere Handlungen aus. Wie bei mir wird sich sogar Ihr Körper nach Ihren inneren Vorstellungsbildern ändern. Von alleine geht es nicht.

Der Glaube kann beispielsweise die Wirkung bestimmter Medikamente außer Kraft setzen. Neuroimmunologische Studien zur Beziehung zwischen Körper und Seele zeigen im Experiment umgekehrt, dass Placebos oft einen Genesungsprozess einleiten können, wenn der Patient fest an ihre Wirkung glaubt.

Innere Überzeugungen sind mitunter stärker als der biochemische Effekt eines Medikaments. Wir wissen, dass der Glaube sich stark auf das Immunsystem auswirkt. Er kann heilen oder auch krank machen. Schließlich sind wir keine Maschinen, sondern Geschöpfe mit Geist, Seele und einem Körper.

Es gibt hemmende Glaubenssätze wie: »Ich bin schnell schlapp und werde leicht krank, meine Leben ist eine einzige Anstrengung, in Beziehungen habe ich einfach kein Glück und falle immer auf die Falschen herein.« Solche negativen Überzeugungen können die Antriebskraft schwächen und Sie in Depression und Nichtstun versinken lassen.

Positive Maximen hingegen können einen Entschluss zum Handeln reifen lassen. Dies sind bestärkende Zaubersprüche wie: »Ich bin gesund und stark, ich habe ein schönes Leben, ich bin beziehungsfähig, liebenswert und glücklich. **Ich habe alles in mir, was ich dazu brauche!«**

Sagen Sie sich das immer wieder, jeden Tag, bis es in Fleisch und Blut übergeht. Erst leise, dann sagen Sie es laut, schreien es heraus. Am besten wenn Sie alleine sind, in der Dusche oder im Auto oder auf dem Marktplatz, wenn Sie soweit sind. Überwinden Sie alte Barrieren! Die gibt es nur in Ihrem Kopf.

POSITIVE LEITSÄTZE VERANKERN

Zementierte Glaubensmuster sind wie unhörbare Befehle, denen unser Nervensystem blind Gefolgschaft leistet. Deshalb müssen Sie diese Prinzipien bewusst lernen. Erst dann können Sie ein selbstbestimmtes Leben führen.

Alte Muster ausmustern

Wie er denkt, fühlt und handelt, wird keinem Menschen in die Wiege gelegt. Diese Muster hat man **im Laufe seines Lebens erlernt,** auch wenn es einem nicht mehr bewusst ist. Als Erwachsener muss man die Dinge **in die Hand nehmen!** Jeder kann alte Muster ablegen, die ihm schaden. *Entsorgen* Sie Ihre negativen Gefühle wie ein zu kleines altes Paar Schuhe. Denken Sie neu und größer. Streben Sie unbedingt das Optimum an!

FINDE DEINE LEIDENSCHAFT, MACH DEINE TRÄUME WAHR!

JETZT-TIPP: klein anfangen

Wenn Sie denken, ein Problem überschattet Ihr ganzes Leben, dann halten Sie zuerst nach einem *Aspekt* in Ihrem Leben Ausschau, den Sie sicher steuern können und der für Sie positiv besetzt ist. Das können **die banalsten Dinge** sein: Sie haben Ihren Haushalt im Griff, Sie gehen täglich spazieren, Sie achten auf gesunde Ernährung. Jeder Durchbruch in Ihrem Leben beginnt mit dem *Abschied* von **Überzeugungen,** die Sie **blockiert** haben.

Wie das funktioniert? Je mehr positive Erlebnisse Sie mit einem neuen Glaubenssatz verbinden, desto stärker untermauern Sie ihn. Dabei können Sie Ihre Fantasie frei entfalten. Sie müssen sich den neuen Glaubensinhalt, etwa »Ich bin gesund und habe eine positive Ausstrahlung«, so lebhaft vorstellen, als wäre er schon Realität.

Unsere grauen Zellen, das weiß man aus der Hirnforschung, kennen keinen Unterschied zwischen einer real erlebten Situation und einer vorgestellten. Daraus geht hervor, was zu tun ist: Je intensiver und emotionaler Sie sich Ihr neues Glaubensmuster vorstellen, desto stärker ist die Wirkung auf Ihr unwillkürliches (autonomes) Nervensystem – auch wenn die Veränderung, die Sie einleiten möchten, noch nicht eingetreten ist.

Die Biografien erfolgreicher Menschen, die auf dem Weg nach oben schwierige oder lebensbedrohliche Krisen meistern mussten, zeigen: Sie alle waren oder sind felsenfest davon überzeugt, dass Sie ihre Vorstellungen tatsächlich realisieren werden. Es gab nicht den geringsten Zweifel. Ja, so einfach ist es wirklich! **Berichten Sie mir später, wie es Ihnen ergangen ist.**

Ich bin mir sicher, dass es bei Ihnen ebenso funktioniert, wie es mir geglückt ist.

ÜBERSCHÄTZEN SIE SICH!

Negative Gedanken und Überzeugungen wirken kontraproduktiv, sind also schädlich. Wenn Sie eine Krise durchmachen oder einen Fehlschlag erlebt haben, dann müssen Sie Ihre Fähigkeit, die Situation zu bewältigen, besser über- als unterschätzen. Das klingt paradox. Aber jeder Mensch verfügt über weit mehr Fähigkeiten, als er sich erträumt. Ein Pessimist wird seine Ergebnisse sehr genau – realistisch eben – einschätzen. Ein Optimist neigt zum glatten Gegenteil. Er schätzt seine Fähigkeiten als grenzenlos ein. Wie mein Mann. Deswegen kommt er so weit.

Das gilt auch für viele Kinder, deren Selbstvertrauen so unerschütterlich ist, dass sie Mutproben bestehen, bei denen einem die Haare zu Berge stehen. Ein Optimist bewertet seine Leistung hoch, und das ist das Geheimnis, warum er auch unangenehme Zeiten relativ unbeschadet übersteht. Da gibt es kein »Ich habe versagt« oder »Diese Demütigung macht mich fertig« oder »Das überlebe ich nicht.«

OPTIMISMUS ALS BAUSTEIN DES GLÜCKS

Diese Sätze engen ein und wirken wie eine schleichende Vergiftung. Der Optimist bietet stattdessen seine ganze Fantasie auf, um sich vorzustellen, wie er ganz anders vorgeht und wie er es schaffen wird, aus dem Tal herauszukommen. Diese großartige Fähigkeit, dieses unbedingte Zielbewusstsein, ermöglicht es, den Aufstieg anzugehen und fortzusetzen, bis man wieder oben ist.

DEN BLICK NACH VORN WENDEN

Einer meiner Grundgedanken ist: »Meine Vergangenheit ist nicht meine Zukunft!« Er hat mir eine unglaubliche Schubkraft gegeben. Ich konnte beharrlich meine Vision verfolgen, auch wenn mir am Beginn die Einzelheiten meiner Krisenbewältigung noch nicht klar waren. Ich habe es selbst erlebt: Wenn man das Gefühl absoluter Gewissheit entwickelt, kann man sein Ziel erreichen und jede Krise meistern – auch solche, die andere für unbezwingbar halten. Diese anderen, die Ihre Ziele für zu hoch gesteckt halten oder an Ihrer Kraft zweifeln, sind schlechte Gesellschaft für Sie! Umgeben Sie sich mit den richtigen Menschen, die an Sie glauben und Sie bestärken.

Unsere grauen Zellen kennen keinen Unterschied zwischen einer real erlebten Situation und einer vorgestellten.

Eine optimistische Lebenseinstellung wirkt sich positiv auf alle Bereiche des Lebens aus: auf Ihre Gesundheit, Ihr Wohlbefinden, Ihre geistigen Fähigkeiten, Ihre Wahrnehmung, Ihre beruflichen Erfolge und Ihre Beziehungen. Von dem berühmten französischen Philosophen und Autor Voltaire ist das Zitat überliefert: »Es ist der Gesundheit förderlich, also beschließe ich, glücklich zu sein.« Dem Mann können Sie glauben.

Optimismus funktioniert. Er ist eine geistige Form von Selbstverteidigung. Diese Lebenseinstellung bedeutet keineswegs, dass Sie sich das Schlimme, Beängstigende und Schreckliche schönreden sollen. Aber sie bringt eine grundsätzliche Bereitschaft, für die Vorteile einer Situation offen zu sein.

Psychologen wissen, dass das seelische Befinden optimistischer Menschen besser ist. Auf bewusster und unbewusster Ebene fühlen Optimisten so, wie sie denken. Und vor allem wissen sie, dass sie allein Meister ihrer Gedanken sind. Gewinnen Sie wie ich Ihrer Situation etwas Positives ab, dann wird sich Ihre Stimmung heben. Natürlich fühle auch ich mich manchmal unwohl und bin niedergeschlagen – wie jeder denkende und reflektierende Mensch. Doch das hält nicht lange an. Denn ich sorge dann gut für mich und tue ziemlich schnell etwas dafür, dass es mir bald wieder besser geht. Ich betrachte Krisen als etwas Vorübergehendes und fühle mich durch sie erst recht angestachelt, mich zu erheben und mein Ziel zu erreichen.

Ich bin immer davon überzeugt, jede Situation verbessern oder einen Schaden begrenzen zu können, eine bessere Lösung zu finden, etwas Verlorenes oder Zerstörtes wieder aufbauen oder einen Neubeginn wagen zu können. Diese Geisteshaltung verhindert, dass ich resigniere und den Kopf in den Sand stecke.

OPTIMISMUS, DAS UNIVERSELLE LEBENSELIXIER

Die positive Grundstimmung schärft auch mein Gedächtnis und macht mich kreativer. Es ist erwiesen, dass Zuversicht das Immunsystem stärkt. Da Körper und Seele eng verknüpft sind, kann ich dank meiner optimistischen Haltung besser mit Stress umgehen. Glauben Sie mir: Vier schulpflichtige Kinder und eine Arztpraxis sind eine gewisse Herausforderung. Das schüttelt morgens die Stresshormone in meinem Körper schon kurz auf, bis wir um acht alle auf unserem Posten sind. Aber meine Konstitution ist heute großartig, und ich blicke voll Zuversicht in die Zukunft.

Auch beruflich und finanziell sind Optimisten meist am erfolgreichsten. Wo Pessimisten Probleme beklagen, sehen Optimisten ihre Chance. Sie betrachten Hürden als Herausforderung, trotzdem ans Ziel zu gelangen. Sie glauben an sich und ihren Erfolg und können so ihre Fähigkeiten entfalten. So ist es auch bei mir geworden, und ich denke heute: »**Ich kann es, es wird mir gelingen, es wird jetzt gelingen. Es ist ein Muss.**«

Natürlich klappt nicht alles auf Anhieb. Jedoch können mir Misserfolge nichts mehr anhaben. Sie sind wertvolle Lernerfahrungen und bringen mich dem Glück ein Stück näher. Meine tiefe Überzeugung, dass man immer etwas verbessern kann, gibt mir unendliche Ausdauer. Beschreiten auch Sie Ihren eigenen Weg. Haben Sie keine Zweifel und verbuchen Sie alles Negative unter Erfahrungen. Glauben Sie nicht, Thomas Edison hätte die Glühbirne auf einen Streich erfunden. Erst nach tausend Experimenten hat es geklappt. Er war kein Übermensch, sondern nur überzeugt, dass es ihm am Ende doch gelingen wird. Sehen Sie Fehler der Vergangenheit sportlich und lernen Sie daraus!

OPTIMISTEN: DIE »BESSERE GESELLSCHAFT«

Es ist viel angenehmer, mit Optimisten zusammen zu sein – auch wenn mein Mann mit seinem penetranten Optimismus alle zur Weißglut bringt; aber ich kann mich gut hineinfühlen. Für Optimisten sind Mitmenschen keine Konkurrenten. Solange jemand sie nicht enttäuscht hat, unterstellen sie ihm erst einmal das Beste. Und werden sie doch enttäuscht, halten sie trotzdem an ihrer positiven Einstellung fest. Tatsächlich machen optimistische Menschen selten schlechte Erfahrungen mit anderen, da sie durch ihre freundliche und offene Art Gleichgesinnte anziehen und in der Regel Pessimisten und Zyniker meiden.

Was denken Sie nach meinem Loblied auf den Optimismus? Sollte man die Welt nicht durch die rosa Brille betrachten? Konnte ich Sie überzeugen? Wenn ja: Natürlich werden Sie nicht sofort in den Genuss aller Vorteile kommen. Doch je länger Sie sich die Stange halten, je mehr Sie sich angewöhnen, als Optimist zu denken und zu handeln, umso mehr werden Sie profitieren. Trauen Sie sich! Sie riskieren nichts als die typische Genugtuung des Pessimisten, der irgendwann schadenfroh sagen kann: »Ich wusste es doch.« Das ist doch jämmerlich. Darauf können Sie verzichten. Sagen Sie auch: »Ich wusste es doch.« Aber sagen Sie es dann, wenn Sie Ihr Ziel erreicht haben! Und jetzt zeige ich Ihnen, wie Sie den Eintritt in den Club der Optimisten am besten vorbereiten und umsetzen.

WAS SIE *SOFORT* ÄNDERN KÖNNEN

Jeder Mensch wünscht sich ein erfülltes Leben. Das war schon immer so. Um das zu erreichen, müssen wir uns darüber klar werden, was uns stärkt und was uns guttut. Der diffuse Wunsch hilft nicht weiter. Jeder von uns kann sein Potenzial aktivieren und steigern. Dabei geht es nicht um ein Projekt, an dem dann und wann gebastelt wird, wenn einem gerade mal der Sinn danach steht. Es geht im Grunde um eine lebenslange Aufgabe, an der laufend gearbeitet wird. Wenn Sie dranbleiben, befreien Sie nicht nur Ihre innere Kraft. Sie werden jeden Tag schrittweise Ihr Leben verbessern.
Wenn Sie Ihre gegenwärtige Situation als negativ empfinden, sollen und dürfen Sie gedanklich unerträgliche Nachteile mit ihr verknüpfen. Das ist leicht, da eine schwierige Situation immer mit Gefühlen wie Trauer, Angst oder Wut verknüpft ist. Mit Ihrem neuen Ziel, das Ihnen aus dieser Talsohle helfen wird, verknüpfen Sie hingegen nur angenehme Gefühle. Manche Menschen suchen diese Emotionen in ausgedehnten Shopping-Touren, in Schokoladenorgien, Wutausbrüchen oder in Alkohol und Drogen. Aber all das schafft nur für einen Moment Ablenkung, niemals Befreiung und Glück von Dauer.

ERFOLGSSTRATEGIE MIT *LIST* UND TÜCKE

Direkten Erfolg verspricht die Technik der neuroassoziativen Konditionierung. Diese Methode hat mir mein Mann nahegebracht, der sich seit den 90er-Jahren intensiv damit befasst. Mir hat sie in den schlimmsten Stunden geholfen, aus meinen Tälern herauszuklettern und wieder zu voller Kraft aufzulaufen. Aber sie hat viel mehr gebracht, mich aus der Hölle geholt und aus meinem Leben den Himmel auf Erden gemacht. Auf ganz einfache Weise gelangen Sie mit dieser Methode aus dem Elend von Schmerz und Unbehagen in einen Zustand der Freude und Erfülltheit. Einengende, negative Muster und Überzeugungen werden durchbrochen.
Dazu müssen wir verstehen, wie unser Gehirn Neuroassoziationen – also gedankliche

Tun Sie sich nicht weh

Schicksalsschläge und ungünstige Lebensumstände werden durch traurige und bedrückte Gedanken verstärkt. Fügen Sie sich nicht durch Trübsinn immer noch mehr Schmerz zu! Machen Sie sich klar: Es ist immer *Ihr Denken,* das Ihnen seelische Schmerzen bereitet. Reißen Sie sich los vom Blick zurück und schauen Sie nach vorne. **So wird's gelingen.**

JETZT-TIPP:
Fragen für jeden Tag

Ziehen Sie jeden Abend Bilanz. **Fragen Sie sich:**
- Was habe ich heute dazugelernt?
- Was habe ich geleistet?
- Was habe ich an mir oder meinem Umfeld verbessert?
- Was hat mir Freude gebracht?
- Worauf kann ich heute stolz sein?

Wenn Sie jeden Tag auf diese Weise an Ihrer Fähigkeit *arbeiten,* das Leben zu genießen, dann werden Sie es bald so **reich und erfüllend** erleben wie nie zuvor.

Verbindungen – hergestellt: Jedes Mal, wenn wir etwas stark Beeindruckendes erleben, im Negativen wie im Positiven, sucht unser Gehirn nach Ursachen. Dabei legt es an alles drei Maßstäbe an:

1. **Es sucht nach Ungewohntem:** Hat ein Erlebnis ungewöhnlich starke Gefühle zur Folge, versucht das Gehirn zu analysieren, was an der Situation neu ist. Ungewöhnlich starke Gefühle müssen eine besondere Ursache haben.
2. **Es sucht nach Gleichzeitigem:** Was in zeitlicher Nähe mit starkem Schmerz oder großer Freude steht, ist vermutlich die Ursache dieser Emotionen.
3. **Es sucht nach Wiederkehrendem:** Ihr Gehirn erkennt, ob ihm die Situation, die so starke Gefühle auslöst, neu oder bekannt ist.

Ihr Hirn ist also ein Gewohnheitstier und macht es sich bequem. Es verbindet anhand der drei Kriterien Eindrücke, Gefühle und Gedanken zu Assoziationsketten. Das geschieht vor allem unwillkürlich, unreflektiert. Deshalb sollten Sie Ihre Neuroassoziationen intensiv und unvoreingenommen hinterfragen.

DAS GEHIRN AUSTRICKSEN

Sie haben mit diesem Wissen einen Schlüssel zu Ihrem Gehirn in der Hand und können es bewusst beeinflussen: Wenn Sie eine klare Entscheidung zwischen verschiedenen Handlungsalternativen treffen wollen, braucht Ihr Gehirn glasklare Signale, welche Möglichkeit mit Schmerz und mit Leid und welche andere mit Freude und Genuss verbunden ist. So ziehen Sie neue Assoziationsketten ein! Nehmen wir einmal das Beispiel Sporttreiben. Auf der Minusseite steht dann: Sie müssen sich aufraffen, haben eine Stunde weniger Schlaf, schwitzen, sind vielleicht sehr schnell total erschöpft, und das Herz rast. Auf der Positivseite stehen: Sonnenaufgang, Natur, Vögelzwitschern, sich spüren, seine Kraft entfalten, immer stärker werden. Wenn sich nun beides zu gleichen Teilen mischt und Sie nicht ganz klar entschieden sind, entsteht Verwirrung, und der Schwung, der Ihr Handeln tragen könnte, ist gleich dahin.

Deswegen: Der Entschluss muss unbedingt und auf jeden Fall absolut und leidenschaftlich sein, was die Vorteile der zu treffenden Entscheidung betrifft. Überwiegen die Emotionen, die die Nachteile betreffen, können Sie

ERFOLGSSTRATEGIE MIT LIST UND TÜCKE

die Sache mit dem Sporttreiben vergessen und einiges andere vermutlich auch gleich …
Sich aus der gegenwärtigen Lähmung zu befreien, funktioniert mit einer wunderbaren Strategie. Sie formt neue Nervenverbindungen, statt dass Sie ein unerwünschtes Verhalten oder Ihre Krise nur einfach wegwünschen. Sie schaffen neue Vernetzungen Ihrer grauen Zellen und stimmen Ihre Gefühle und Verhaltensweisen auf neue, positive Alternativen ein. Denn ohne eine Änderung der Assoziationen, die Sie in Ihrem Nervensystem mit Schmerz und Freude verbinden, findet keine langfristige Veränderung statt.
Gehen Sie mit mir Schritt für Schritt die folgenden Gedanken durch. So wird es Ihnen gelingen, aus dem Zustand von Schmerz und Frust in den Zustand von Freude und Handlungsfähigkeit zu kommen.

WAS WOLLEN SIE ERREICHEN?

Oft denkt man unwillkürlich nach dem Ausschlussprinzip und formuliert innerlich nur, was man alles nicht mehr will: nicht mehr alleine sein, nicht arbeitslos sein, nicht mehr traurig sein, nicht mehr krank sein. Doch je mehr Aufmerksamkeit Sie diesen unliebsamen Zu- und Umständen schenken, desto mehr häufen sie sich und vernebeln Ihr Bewusstsein. Dieser Blick auf das Negative ist falsch! Sie müssen sich deshalb zuerst positiv bewusst machen, was Sie wirklich wollen. Die Übungen, die ich Ihnen bisher gezeigt habe, dienen alle dazu, dieses Bewusstsein zu schärfen. Peilen Sie Ihr Ziel also genau an, dann gewinnen Sie mehr Klarheit, und desto mehr Schub und Energie haben Sie für die Umsetzung.
Machen Sie sich bewusst, was Sie davon abhält, eine Entwicklung einzuleiten: Fortschritte werden oft dadurch blockiert, dass wir in der Komfortzone verharren, weil uns alles andere zu schmerzlich und unbequem erscheint. Das klingt paradox, stimmt aber wirklich. Manche Menschen entscheiden sich unbewusst für das Alleinsein, die Trauer oder belastende Lebensumstände. Sie haben Angst vor dem Unbekannten, das die Veränderung zwangsläufig bringt, oder sind zutiefst überzeugt, dass Veränderung wehtun muss. Kommen Sie heraus aus Ihrer Komfortzone und stehen Sie auf. Sie verlieren damit nichts.
Nehmen Sie mich als Beispiel: Ich bin kein Übermensch. Wenn ich es schaffe, dann werden Sie es auch schaffen!

STEHEN SIE ZU IHREM WILLEN, ETWAS ZU ÄNDERN!

Natürlich will jeder etwas verändern, dem es nicht gut geht oder der das Gefühl hat, in seinem Leben geht es nicht vorwärts. Dass die Umsetzung scheitern kann, liegt aber nicht an fehlenden Fähigkeiten eines Menschen, sondern vielmehr an mangelnder Motivation. Stellen Sie sich vor, Sie haben einen Durchhänger und schleppen sich antriebslos durch Tage und Wochen. Wenn nun, sagen wir, eine böse Fee käme und Ihnen androhen würde, Sie in eine Stubenfliege zu verwandeln, wenn Sie nicht endlich in die Puschen kommen, was dann? Sie würden dann sofort das Tempo anziehen und aus Ihrer Passivität kommen.
Das Geheimnis ist, dass wir oft glauben, dass eine Veränderung stattfinden sollte, aber nicht unbedingt muss. Das ist der böse Fehler. Denn ein »sollte« heißt immer, dass wir unseren Plan auf die lange Bank schieben können – außer die böse Fee schaut wieder vorbei. Da es die nur im Märchen gibt, müssen Sie ihre Rolle

eben selbst spielen. Denn wir sind einfach so gestrickt, dass wir uns erst in Bewegung setzen, wenn uns etwas so dringlich erscheint, dass wir gar nicht anders können, als uns zu bewegen. Das ist allzu menschlich. Ich stelle meine Glücksformel dagegen: **Es geht nie darum, ob man sich ändern kann, sondern nur darum, dass man sich ändern muss, und zwar jetzt sofort.**

Wie stark dieser Wille ist, hängt von Ihrer Motivation ab. Und die wiederum wird von den Emotionen Schmerz und Freude beeinflusst. Wenn beide sich die Waage halten, sorgt das für gemischte Gefühle, und es wird sich in Sachen Antrieb nichts tun. Zum Beispiel: »Was bringt es mir denn, zehn Kilo weniger zu wiegen? Älter werde ich trotzdem. Warum sollte ich dann auf meine abendliche Süßorgie verzichten?« Oder: »Ja, ich bin unglücklich in meiner Beziehung. Aber wenn wir uns jetzt trennen, finde ich dann einen neuen Partner? Da halte ich lieber das jetzt aus und bin dafür nicht allein.« Das ist Quatsch. Vergessen Sie das! Denn auf diese Weise können Sie Ihre Neuroassoziationen niemals korrigieren und zum Guten drehen. Ihr Gehirn ist stattdessen verwirrt und weiß nicht, was Sache ist. So hindern Sie sich daran, Ihr Potenzial auszuschöpfen. Sie werden staunen, was sich in zehn Jahren alles verändern kann …

Wenn Sie eine gewisse Schmerzgrenze erreichen, können Sie gar nicht anders, als eine Veränderung einzuleiten! Dann sagen Sie sich: »**Jetzt reicht's. Das mache ich nicht einen Tag länger mit.** Ab jetzt wird geändert nach der Strategie von Frau Kuchenmeister!«

Doch wie können Sie den entsprechenden Druck ausüben? Das bloße Wissen, dass Sie etwas ändern müssen, genügt nicht. Der Wille hängt ganz stark mit unseren Gefühlen zusammen. Fragen Sie sich deshalb:
- Mit welchen Nachteilen muss ich in Zukunft rechnen, wenn ich jetzt nichts ändere?
- Welche Nachteile – geistig, seelisch, körperlich, finanziell – spüre ich schon jetzt?
- Welche Auswirkungen hat weitere Untätigkeit auf meine Beziehung, Familie und Freunde?

Wenn das nicht genügt, stellen Sie sich die Negativfolgen plastisch vor, bis Sie den Druck verspüren, jetzt unbedingt etwas zu ändern, weil Sie den bloßen Gedanken an die Konsequenzen nicht aushalten. Schreiben Sie die schlimmsten Folgen auf.

Und jetzt andersherum. Sehen Sie sich nun alle positiven Folgen der Veränderung an. Schreiben Sie's wieder auf:
- Wie steht es um Ihr Selbstwertgefühl, wenn Sie etwas an der jetzigen Situation geändert haben? Wow!
- Welche Kraft spüren Sie in sich?
- Welche Ziele können Sie noch anvisieren?
- Wie ginge es Ihnen in Ihrer Beziehung, in Ihrer Familie, mit Ihren Freunden?
- Wie viel glücklicher als jetzt wären Sie?

Tauchen Sie mit jeder Faser Ihres Körpers in die Freude ein. Wie fühlt sich das an? Das ist doch der Hammer, stimmt's? So schön und glücklich kann das Leben sein! Ich gratuliere, wenn Sie bis hier gekommen sind. Nun ist es nicht mehr weit.

Sie spüren jetzt: In Ihrem Nervensystem finden neue Verknüpfungen statt. Stillstand ist mit Schmerz und Nachteilen verbunden, Weiterentwicklung hingegen ist mit Freude, Kraft und Glück assoziiert. So wächst und wächst das Bedürfnis in Ihnen, jetzt sofort etwas zu verändern.

BRECHEN SIE MIT ALTEN MUSTERN

Sie verfügen über die Mittel, sich sofort zu verändern. Wenn Sie bisher gescheitert sind, lag das allein an Ihren negativen Neuroassoziationen. Malen Sie sich deshalb die schlimme Situation einmal voll und ganz aus, die Ihnen so zu schaffen macht. Schließen Sie die Augen und lassen Sie Ihre schlechte Lage wie einen Film ablaufen. Beobachten Sie konzentriert, was genau Sie sehen und wahrnehmen.

Jetzt ändern Sie den Film, indem Sie ihn umfärben und mit neuen Geräuschen versehen. Lassen Sie ihn vorwärts und rückwärts laufen, mal schneller, mal langsamer. So zerstören Sie Ihre Anfangsversion und machen daraus etwas Absurdes. Denken Sie nun noch einmal an die Ausgangssituation, werden Sie feststellen, dass sich diese nun ganz anders anfühlt. Sie haben sie geistig transformiert. Mit den Bildern und Geräuschen verändern sich auch die Gefühle. Wenn Ihnen das nicht sofort gelingt, wiederholen Sie die Übung. Auch wenn ich beginne, Sie zu nerven: Sie ist notwendig.

ENTWICKELN SIE IHRE EIGENE LÖSUNG

Sie haben sich wohl mittlerweile bewusst gemacht, was Sie ändern wollen und sehen die Hindernisse. Sie haben sich unter Druck gesetzt und hemmende Muster aufgebrochen. Respekt! Sie sind auf dem besten Weg! Nun sollen Sie den entstandenen Freiraum mit neuen Gefühlen und Verhaltensweisen füllen. Sie brauchen sozusagen ein Ersatzverhalten. Festigen Sie Ihr neues Muster, indem Sie es laufend wiederholen. So etablieren Sie neue neurologische Bahnen. Wenn Sie also eine Alternative finden, etwa statt abends zu rauchen

---

ÜBUNG: Genießen Sie endlich Ihr Leben

Stellen Sie sich morgens die folgenden Fragen, und Sie werden sehen, dass Ihnen **positive, optimistische Antworten** Glück, Motivation, Dankbarkeit und *Lust auf Veränderung* bringen. Lassen Sie sich aus dem Moment heraus auf das Positive ein mit allen **Empfindungen,** die Ihnen zu Gebote stehen. Können Sie eine Frage nicht direkt beantworten, stellen Sie sie fürs Erste einfach im Konjunktiv – etwa so: Worüber wäre ich jetzt glücklich? Oder: Wofür wäre ich jetzt am liebsten dankbar? Suchen Sie jeweils nach etwas ganz Konkretem und stellen Sie es sich plastisch vor. Welche Gefühle genau löst es aus?

Fragen Sie sich:

- Worüber bin ich in diesem Moment glücklich?
- Was finde ich aufregend?
- Worauf bin ich heute Morgen stolz?
- Wofür bin ich dankbar?
- Was genieße ich gerade?
- Wofür setze ich mich heute ein?
- Wen liebe ich?
- Was genau weckt die Liebe in mir?

Glücksquellen der Menschheit

Glück ist eine **subjektive Sache.** Aber es gibt typische Momente und Elemente, die viele Menschen glücklich machen. Die können auch Sie entdecken! *Glücklichsein* heißt für mich:

- lieben,
- geliebt werden,
- mit Freunden die Zeit genießen,
- Familie,
- Gesundheit,
- Kinder,
- Geborgenheit,
- Zufriedenheit,
- Natur erleben,
- schwere Zeiten überstehen,
- ein Lächeln,
- ein tolles Essen,
- Verliebtsein und Sex,
- etwas zu Ende bringen,
- eine Prüfung bestehen,
- ein Ziel verwirklichen,
- Musik hören,
- anderen helfen,
- ein Dankeschön,
- Sonne nach dem Regen …

Schreiben Sie eine Liste Ihrer *persönlichen Glücksquellen!* Je mehr Sie davon kennen, umso größer wird die Summe Ihres Glücks, weil Sie bewusster **aus diesen Quellen schöpfen.**

---

und zu trinken einen Spaziergang im Park zu machen, dann stellen Sie sich diese so plastisch wie nur möglich vor.

Ihr Gehirn kann wie gesagt nicht unterscheiden zwischen lebhaft vorgestellten Situationen und real erlebten. Das machen Sie sich zunutze! Und sobald Sie feststellen, wie sich die neue Verhaltensweise verankert, belohnen Sie sich, indem Sie sich loben. Eigenlob ist gut! Es ist wichtig, dass Sie gut finden, was Sie tun, nicht was andere denken. Die Kraft der positiven Verstärkung wird Sie weiter motivieren. So, und nun prüfen Sie Ihre neue Verhaltensweise oder Ihr Ziel auf seine Wirksamkeit. Wie fühlt sich das an, was Sie nun erreicht haben? Denken Sie noch einmal die Ausgangslage, aus der Sie sich gerade befreien: Macht sie Ihnen in diesem Stadium noch zu schaffen oder gehört sie nicht mehr zu Ihren Problemen? Wenn Sie noch nicht ganz damit fertig sind, dann blättern Sie zurück und legen Sie Ihn Lesezeichen wieder auf Seite 43. Wir sehen uns!

KLEINE GLÜCKSREZEPTE FÜR *SOFORT*

Die folgenden Jetzt-Tipps helfen Ihnen, Ihrem großen Glück ab sofort näherzukommen und Ihre Fähigkeiten ganz auszuschöpfen:

1. Lenken Sie Ihren Blick auf Ihre Stärken! So werden Sie Vertrauen in Ihre Fähigkeiten gewinnen und voller Optimismus in die Zukunft sehen. Sie sind einzigartig und besitzen wie jeder Mensch viele Stärken und Fähigkeiten. Wenn Sie diesen Ressourcen vertrauen, strahlen Sie dies auf andere aus, und diese werden zurückstrahlen.
2. Fragen Sie sich: »Was habe ich außerdem noch an Möglichkeiten? Was habe ich noch gar nicht ausprobiert?« Ruhen Sie nicht, bis Sie eine Lösung haben. Von alleine geht nichts. Geben Sie nicht auf; sonst machen Sie sich mutlos. So lange Sie leben, haben Sie immer Möglichkeiten offen! Immer.
3. Machen Sie meine Einstellung zur Ihren: **»Ich muss. Ich muss jetzt. Ich kann. Ich verdiene es. Es wird, wie ich es mir vorstelle.** Was auch immer passiert in diesem Leben – ich bin fähig und werde eine Lösung finden. Weil ich es wert bin und weil es sein muss.«
4. Wenn Sie einen Rückschlag hinnehmen müssen, bleiben Sie cool und denken Sie: »Okay, das hat jetzt gerade nicht geklappt. Aber ich gebe mir immer eine nächste Chance und konzentriere mich darauf, wie ich es besser machen kann.« Thomas Alva Edison hat tausend Wege probiert, bis seine Glühlampe endlich brannte und der Welt ein Licht aufging. Wenn Sie grübeln, sich als Versager fühlen und sich verurteilen, werden Sie nur wütend und niedergeschlagen. Mein Mann und ich erleben auch immer wieder Rückschläge. Aber das interessiert uns nicht mehr, und wir schütteln es ab. Wir marschieren weiter, weil wir ja wissen, dass es am Ende gelingt. Ist das nicht wundervoll? Machen Sie's genauso!
5. Ziehen Sie vor dem Einschlafen Bilanz und betrachten Sie die positiven Ereignisse des Tages (siehe auch Jetzt-Tipp von Seite 78). So prägen Sie sich das Positive ein, schlafen zufrieden ein und wachen mit einem guten Gefühl auf. Bleiben Sie dabei und betrachten Sie vor dem Einschlafen die Glücksmomente des Tages oder der Woche und träumen Sie sich noch schöner in die Nacht.
6. Wenn Sie dazu neigen, den Teufel an die Wand zu malen, dann malen Sie sich auch aus, wie es positiv ausgehen könnte. Negative Prophezeiungen können sich erfüllen, positive auch. Also drehen Sie den Spieß um: Sehen Sie die Sterne am Himmel und nicht das Schwarze dazwischen. Werden Sie wie ich ein großer Träumer.
7. Meiden Sie die Gesellschaft von Pessimisten und Nörglern, sonst machen Sie es sich unnötig schwer. Sie kommen ans Ziel, wenn Sie sich darauf festlegen und es für sich verfolgen, auch ohne darüber groß zu reden. Die Zweifler und alle anderen werden es schon merken, wenn sich die Dinge in Ihrem Leben zum Guten wenden.

GLÜCKSREZEPT ZWEI:
Lass los – außen wie innen!

Manchmal stellt einem das Leben Aufgaben, die im ersten Moment unlösbar scheinen. In solchen Momenten der Verzweiflung vereinfache ich die Situation so weit wie möglich und versuche, das Problem, mit dem ich zu kämpfen habe, aus der Distanz zu betrachten.

Mit dem Abstandnehmen gewinne ich den Überblick. Durch das Vereinfachen kann ich aktiv werden und diejenigen Dinge mutig und diszipliniert angehen, bei denen ich selbst etwas ausrichten kann. Ich halte in solchen Momenten bewusst inne und richte den Fokus auf meine Lebensziele. Dabei hilft das Prinzip des Loslassens auf allen Ebenen, es befreit und entlastet.

Lassen Sie los, und Sie werden sich und Ihr Leben wiederfinden, so wie Sie selbst es sich wünschen, nicht wie es anderen gefällt. **Wenn Sie nichts ändern, bleibt alles, wie es ist.** Doch mit einer Veränderung haben Sie die Chance auf eine erfolgreiche Zukunft. Lassen Sie alles los, was Ihr Leben in einer schweren Zeit unnötig belastet. Wenn Sie die folgenden Übungen machen, werden Sie bald Klarheit darüber haben, wer und was Ihnen wirklich wichtig ist und dazu beiträgt, dass Ihr Leben lebenswert ist. Lassen Sie alles andere ziehen – und Sie werden merken, dass Sie jeden Tag freier und stärker werden.

FRÜHER WAR ALLES … VIEL SCHLIMMER!

Ein wichtiges Vorbild ist mir die Nachkriegsgeneration. Unsere Eltern und Großeltern nach dem Krieg hatten gar keine andere Wahl, als tapfer und unerschütterlich weiterzumachen. Sie mussten die Schmerzen der Kriegsjahre hinter sich lassen und durften sich von ihrer Sorge, wie es weitergehen soll, nicht lähmen lassen. Sie haben gekämpft wie die Wahnsinnigen. Meine Großmutter war außerordentlich gut organisiert: In ihrem Haushalt gab es nichts Überflüssiges, keinen Nippes, keine überquellenden Schränke. Ich mochte ihr Haus, das immer gepflegt und nüchtern wirkte. Dort fühlte ich mich geborgen. Es war ein Ort zum Ausruhen, aber auch einer, an dem schon in meiner Kindheit viele meiner Ideen für die Zukunft entstanden sind.

Unsere Großeltern hatten nicht nur eine traumatische Vergangenheit zu verkraften, sie waren auch gefordert, ihren Familien eine neue Lebensgrundlage zu schaffen und das Land wiederaufzubauen. Ich bin fest überzeugt, dass die Reduktion auf das Wesentliche in den Aufbaujahren sehr geholfen hat, im Chaos den Überblick zu bewahren, sich zu besinnen und neue Wege zu beschreiten.

Das Grundprinzip ist einfach: Haltung bewahren, um im Handeln zu bleiben. Das funktioniert allerdings nur auf der Basis eines gewissen Spielraums, den sich jeder in seinem direkten Umfeld schaffen kann und muss.

NEUES BRAUCHT *FREIRAUM*

Um auf neue Ideen zu kommen und Zielsetzungen zu formulieren, brauchen Sie Freiraum im Kopf und um sich herum. Den habe ich mir verschafft, als ich unvorbereitet mit der Krebsdiagnose konfrontiert war. Wir haben alles Unnötige entsorgt, Möbel, Urlaubsmitbringsel, Kleinkram aller Art. Ein leerer Keller, kaum etwas auf dem Dachboden – das ist bis heute so, und auch nach vier Jahren im neuen Haus sind die Wände einfach weiß wie die Türen und die Fliesen. Wir haben keinen Teller zu viel. Das Wort »Aufheben« haben wir auch gleich entsorgt.

Loslassen kostet Überwindung. Aber es hilft enorm. Machen Sie's wie ich: Werfen Sie Ballast ab und bringen Sie Ihr Leben in die Balance. Es ist einfacher als Sie denken, und Sie werden es lieben. Fangen Sie irgendwo an: mit dem Keller, dem Schreibtisch oder Ihrem Kleiderschrank. Altkleider und Krimskrams geben Ihnen keinen Schutz oder Halt. Tun Sie's, ohne groß nachzudenken oder gar zu grübeln. Haben Sie kein schlechtes Gewissen und lassen Sie diese Bürde bewusst los. Kaum etwas ist so bedeutungsvoll, dass Sie es vermissen werden. Denken Sie mal an Ihre Kindheit zurück: Es waren doch die allersimpelsten Dinge, die am meisten Freude machten. Wenn meine Kinder im Garten spielen, freuen sie sich den einfachsten Sachen und sind überglücklich damit. Ist es nicht wundervoll, wie sie sich für ganz Gewöhnliches begeistern? Das ist die Natur der Kinder. Aber es dauert nicht lange, und Pflichten, Konventionen und Kompromisse machen unser Leben immer komplizierter. Geben Sie etwas davon ab. Alles zugleich ist zu viel für Sie alleine. Gehen Sie zurück in Ihre Kindheit, drehen Sie die Zeitmaschine zurück, und Sie werden wieder die magischen Momente der Kindheit erleben.

Werfen Sie Beschwernisse ab. Sie werden spüren, wie gut das tut, und Lust auf mehr haben – auf mehr vom Weniger. Sie werden glücklicher sein mit weniger Besitz. Sie werden gelassener sein. Es werden wieder Wunder geschehen wie in Ihrer Kindheit.

KONZENTRATION AUF DAS WESENTLICHE

Vereinfachen, Maßhalten und Loslassen, und zwar in jeder Hinsicht – das ist Thema dieses Kapitels. Entrümpeln Sie Ihr Leben, denn das Zuviel bremst Sie. In einer Krise ist nicht nur Haltung gefragt, sondern auch die Fähigkeit, sich aus Zwängen und Hemmnissen zu befreien. Das können Verpflichtungen sein, auf die Sie eigentlich keine Lust mehr haben, Abhängigkeiten und Gewohnheiten wie zu viel Fernsehen, zu viel planloses Surfen und Chatten im Web, aber auch Hobbys, die sich überlebt haben, die Ansprüche anderer oder auch Menschen, die einem nicht gut tun …

Eine kritische Lebenslage kann Sie mattsetzen und lähmen. Das bringt der Schock mit sich. Die Situation war noch nie da, und Sie wissen nicht, wie Sie mit ihr umgehen sollen. Sie haben Angst. »Angst essen Seele auf« heißt es bei Fassbinder. Sie nagt am Selbstwert und treibt einen ins Selbstmitleid. Was hat das mit dem Vereinfachen zu tun? Sie müssen sich Ihrer Angst stellen. Sie kommen nicht dran vorbei, also müssen Sie da durch. Sie brauchen jetzt Platz für sich, für das Große in Ihrem Leben. So werden Sie vorwärtskommen. Sie werden es lieben, so frei zu sein wie in Kindertagen. Misten Sie aus, gnadenlos! Das Reduzieren bringt das Wesentliche zum Vorschein, und Sie sehen, was Sie trägt. Sie werden staunen.

ANGST IST KEIN HELFER!

Angst steckt in unseren Genen. Sie ist eine Alarmanlage. Ohne ihren Impuls würden wir Gefahren nicht wahrnehmen. Seit Urzeiten hilft sie beim Überleben: Sie flutet den Körper mit Stresshormonen und bereitet ihn auf Flucht oder Kampf vor.

Zum Problem wird die Angst, wenn sie Sie lähmt und außer Gefecht setzt. Sie dürfen sich nicht auf Dauer von ihr blockieren lassen, auch wenn es Ihnen noch so schwerfällt. Wehren Sie sich unbedingt, auch wenn Sie sich am Ende Ihrer Kräfte fühlen. Nehmen Sie alle Energie zusammen und treten Sie in Aktion. So paradox es klingt: Aus dem Agieren selbst schöpfen Sie neue Kraft.

Eine Flucht gibt es nicht bei den Bedrohungen und Krisen, um die es hier geht. Bleibt also der Kampf. Die Angst bringt Sie dazu, innezuhalten und sich zu sammeln. Je eher Sie sich nun in Bewegung setzen und aktiv werden, desto schneller bauen sich die Stresshormone ab, und die Angst schwindet. Das ist der Dreh. Schauen Sie sich also die Tatsachen genau an und stellen Sie sich mit allen Sinnen auf Kampf ein.

Werfen Sie alle Hemmnisse über Bord, alle verzichtbaren Gewichte, die Ihre Schritte vorwärts erschweren. Zögern Sie nicht und ändern Sie Ihr Umfeld. Oder brechen Sie aus und suchen Sie sich den richtigen, für Sie positiven Rahmen. Dafür ist das Entlasten und Vereinfachen im Außen wie Innen so wichtig. Sie brauchen den Überblick und eine frische Perspektive, auch wenn die Situation noch so verfahren scheint oder tragisch ist.

Wohltuende Leere

Handlungsfähigkeit und Kreativität brauchen einen *Freiraum.* Vollgestellte Räume und vollgestopfte Terminkalender, alte Gewohnheiten und überholte Beziehungen blockieren den Raum. Messen Sie all diesen Dingen nicht zu viel Bedeutung bei. Die meisten sind es nicht wert und verschlingen **Raum, Zeit und Kraft.** Verabschieden sich aus überlebten Beziehungen und Verpflichtungen, aus allem, was Ihnen nicht guttut. Die so entstandene *Leere* füllen Sie mit Ihrem neuen *Leben.*

LASS LOS – AUSSEN WIE INNEN!

DIE ÄNGSTE LOSLASSEN

Sie werden Ihre Angst in den Griff bekommen, wenn Sie handeln und sich erste Freiräume für Ihre Entscheidungen schaffen. So werden Sie konstruktiv und kreativ und schütteln die anfängliche Ohnmacht ab. Dann verschwindet Ihre Angst. Es wird Ihnen gelingen. Darauf haben Sie mein Wort!

Hinter jeder Flug-, Platz- oder Höhenangst steckt letzten Endes unsere Angst vor dem Tod, vor dem Verlust der Kontrolle und dem Ende der Existenz. Ein normales, erträgliches Maß an Angst verhilft uns zu Vorsicht. Aber bei starken Angstzuständen und wiederkehrenden Panikattacken müssen Sie etwas unternehmen: Fangen Sie mit Ihrem unmittelbaren Umfeld an. Wie Sie das anstellen, erfahren Sie auf den nächsten Seiten.

Bei allen Formen der Angst ist es am besten, nicht zu erstarren, sondern in die Offensive zu gehen, so gut es eben möglich ist. Begleitend helfen Bewegung und spezielle Entspannungs- und Atemtechniken, wie Sie sie ab Seite 131 finden. Im schlimmsten Fall nehmen Sie eine Psychotherapie in Anspruch, in der die Ursachen krankhafter Ängste bearbeitet werden und die Ihnen neues Vertrauen ins Leben gibt. Auch die Entscheidung für eine Therapie kann der richtige Anfang sein. Schon die Suche nach dem für Sie passenden Verfahren und dem richtigen Therapeuten wird Sie vorwärtsbringen.

AKTIVES LOSLASSEN SPENDET KRAFT

Das Loslassen, mit dem Sie ohne zu zögern beginnen müssen, wird Ihnen direkt Handlungsfähigkeit und Kraft zurückgeben. Klammern Sie sich nicht an dies und jenes. **Machen Sie sich frei – mit Mut zu Lücken und ohne schlechtes Gewissen.** Sie werden das gute Gefühl erleben, etwas für sich zu tun, etwas, was Ihnen spontan guttut, selbst wenn gerade in jeder Hinsicht »Land unter« ist.

Überblick bekommen Sie schlicht und einfach, indem Sie für Übersichtlichkeit sorgen. Und damit meine ich zunächst Ihr äußeres Umfeld, in dem Sie leben und arbeiten.

Zu diesem Ihrem Lebensraum gehören Wohnräume und Arbeitsplatz, Freundeskreis, Kleiderschrank, Küche … Schütteln Sie nicht den Kopf, weil Sie erwartet haben, dass ich Ihnen jetzt etwas erkläre zum Loslassen negativer Gefühle oder Seelenzustände. Keine Sorge, dazu komme ich später.

Keine Angst vor dem Loslassen!

Dinge zu behalten, hat wenig mit Wertschätzung, Sparsamkeit oder Ressourcenschonung zu tun. **Ausmisten** bedeutet weder Undankbarkeit noch Verschwendung. Das Festhalten steht eher für **vermiedene Entscheidungen** und offengehaltene *Hintertürchen.* Beurteilen Sie Dinge nur danach, was sie Ihnen wert sind und ob sie **Ihnen guttun.**

KUNST DER *VEREINFACHUNG* ODER: KLARE *SICHT* VOM EIFFELTURM

Jetzt geht es erst einmal um den Ort, an dem Ihr Leben stattfindet, an dem sich Ihr Privatleben allein, mit Partner oder mit Familie abspielt. Dieser Ort ist der wichtigste in Ihrem Leben, auch wenn Sie die Hälfte des Jahres auf Reisen sind. Auch dann sollte Ihr Domizil der Rückzugsort sein, an dem Sie auftanken, und der Spiel-Raum für Ihre Ideen, Visionen und Gedanken.

WENN DINGE ZU BLOCKADEN WERDEN

Nehmen Sie Ihren Lebensraum ganz kritisch unter die Lupe: Die Bedeutung der meisten Dinge ist in Wirklichkeit verschwindend gering. Klammern Sie sich also nicht fest. Glauben Sie mir, Sie können mit verhältnismäßig wenig toll leben. Ist Ihr Umfeld wohlgeordnet und übersichtlich? Lässt es Ihnen Luft zum Atmen, bietet es Ihnen Geborgenheit? Oder hat sich dort im Lauf der Jahre immer mehr raumgreifender Plunder angesammelt?

Das Zeug steckt oft in Schränken, Truhen oder Kisten, oder es breitet sich in Regalen und auf freien Flächen aus. Mit unglaublicher Kraft klebt man an allen möglichen Dingen und Undingen: Vertrocknete Blumensträuße, Muscheln vom Strand, Kleidungsstücke und Schuhe, die nicht mehr passen und aus der Mode sind. Papiere, die man längst gesichtet haben wollte, Kartons für einen Umzug, der gar nicht ansteht, benutztes Geschenkpapier, einzelne Gläser und Teller, Küchenvorräte mit historischem Verfallsdatum …

Jeder hat sein eigenes Gerümpel und weiß, was ich meine. Auch ich hatte trotz unserer zahlreichen Umzüge über die Zeit zu viel Krempel angesammelt. Ich habe alles verschenkt oder auf den Wertstoffhof gebracht. Sonst wäre ich nie und nimmer durch meine schlimmste Zeit gekommen. Das weiß ich genau.

Das Problem an allem, was Sie aufbewahren, ohne dass es einen Zweck erfüllt, ist die Energie, die ihm innewohnt. Sie ist nicht unbedingt positiv, auch wenn der getrocknete Blumenstrauß an den schönen Hochzeitstag erinnert oder das Teeservice an die liebe Erbtante.

Alles, was nur herumliegt und Platz verbraucht, ist beladen mit Blockade-Energie. Es lässt keine gesunde, ästhetische Atmosphäre in den Räumen zu, wo wir dort zur Ruhe kommen und uns entspannen wollen. Das Wertvollste und bei weitem Teuerste an und in Ihren Räumen ist in aller Regel der Raum an sich. Vergeuden Sie ihn nicht.

VIELE DINGE STÖREN NUR

Fürs Tagesgeschäft nutzlose und nicht mehr aktuelle Dinge blockieren die Energie in Arbeitsräumen, wo Geist und Kreativität frei fließen sollen. In meiner Praxis finden Sie keine Fachliteratur aus dem Studium vor fünfundzwanzig Jahren. Ich kann mich nur in einem geordneten Umfeld konzentrieren und den Patientinnen das Gefühl geben, dass sie gut aufgehoben sind und kompetent beraten und behandelt werden.

Also tief ausatmen – und weg mit dem Ballast! Genießen Sie das starke Glücksgefühl, wenn Sie's tatsächlich gemacht haben. Freuen Sie sich über die Freiheit, loszulassen zu dürfen.

LASS LOS – AUSSEN WIE INNEN!

ÜBUNG: *Guter Dinge mit guten Dingen*

Machen Sie sich eine Liste von allem, *was Ihnen wirklich guttut,* und hängen Sie sie an einen gut sichtbaren Platz. Schreiben Sie darauf die Namen lieber Menschen, Ihrer Kinder, Freunde, aber auch Naturschönheiten, Ihr kuscheliges Bett, Ihren Beruf, Ihr Hobby, Musik, gutes Essen, Sport und Gegenstände, die Sie glücklich machen. Diese Liste **schärft Ihren Blick** für diejenigen Menschen und Dinge, die Ihnen *Energie spenden.*

ALTEN BALLAST *ABWERFEN*

Natürlich hängt jeder an gewissen Dingen ohne äußeren Nutzwert. Manche stehen für gute Erinnerungen, manche sind wichtig oder wertvoll. Aber warum sollten Sie sich mit Angelbüchern belasten, die Sie vom Opa geerbt haben, wo Sie selbst doch eine Fischallergie haben und sich für Blumen interessieren? Warum sollten Sie Ihre Terminkalender der letzten zehn Jahre aufheben? Werden Sie irgendwann nachprüfen, ob Sie am 28. Februar 2005 einen Zahnarzttermin hatten? Sollte Ihnen damals ein Weisheitszahn gezogen worden sein, werden Sie sich wohl noch lange daran erinnern. Die Kalender brauchen Sie dazu nicht. Nur steuerlich relevante Unterlagen müssen Sie eine Dekade lang aufbewahren. Das einzig Schöne daran ist immer das Wegwerfen zum Jahreswechsel.

Nicht nur Sie hängen an den Dingen. Umgekehrt hängen diese auch an Ihnen. Wie Sandsäcke und Bleigewichte. Sie behindern Sie beim Vorwärtsgehen.

DINGE, DIE KEINER BRAUCHT

Es gibt zahllose Dinge, die niemand auf der Welt braucht: Knoblauch aus der Sprühdose, Außenspiegelbezüge in den Nationalfarben, Sonnenbrillen für Hunde … Weg damit! Diese Produkte haben vielleicht ihre Erfinder reich gemacht. Aber sie sind nicht nur überflüssig, sondern stehen für den scheußlichen Trend der Gesellschaft, sich mit immer mehr Überflüssigem zuzumüllen.

Noch vor hundert Jahren besaß eine sechsköpfige Familie auf dem Land etwa 120 Gegenstände – alles Arbeitsgerät, Hausinventar und Kleidungsstücke mitgezählt. Heute besitzt ein alleinlebender Student laut einer Studie der Fachhochschule Hannover bereits 3000 Dinge. Darunter sind garantiert nicht nur nützliche Dinge, die ihm das Leben erleichtern.

Was hat Lebensqualität mit materiellem Besitz zu tun? Machen einen die Villa, der Zweitwagen und ein Diamantencollier glücklich? Welche Dinge brauchen wir unbedingt? Welche sind uns wirklich nahe? Prüfen Sie Ihre Umgebung. Ist sie zu voll, wird es Zeit, sich zu entlasten. Sonst bleiben Sie in Ihrer Vergangenheit und in Ihrer Krise stecken.

ALTEN BALLAST ABWERFEN

ENTRÜMPELN BEGINNT IM KOPF

Ordnung zu machen geht umso langsamer, je länger man schon auf seinen Habseligkeiten sitzt. Haben Sie Geduld und fangen Sie damit an, was Sie im Moment überhaupt nicht brauchen oder mögen. Spüren Sie, wie erleichtert Sie sich schon dadurch fühlen. Sogar schon das Gedankenspiel des Entrümpelns bringt Ihnen Erleichterung. Wie Sie die Sache praktisch angehen, zeige ich Ihnen ab Seite 93.

WIE LOSLASSEN HEILT

Es verändert den Menschen, wenn er an seiner Lebenssituation arbeitet, und das tun Sie, wenn Sie Ihr Umfeld ordnen. Dabei müssen Sie nicht auf die Ursache Ihrer Krise stoßen. Aber diese kann sich durchaus hinter Haus- und Unrat verbergen. Denn vieles soll nur künstlich erzeugte Bedürfnisse stillen oder Verlustängste zudecken. Aber wichtig ist jetzt, dass Sie sich überhaupt an Ihren Ballast machen.

Folgen Sie meinem Impuls und fangen Sie an: Fällt Ihr Blick auf einen verstaubten Deko-Gegenstand, eine alte Fernsehzeitung oder Ähnliches? Dann stehen Sie jetzt auf und tragen Sie es zur Mülltonne. Oder legen es in eine leere Kiste, die Sie später mit weiteren Dingen füllen, die Sie dann entsorgen, verschenken oder jemandem für den Flohmarkt geben. So wird das Loslassen zur Routine. Lassen Sie jeden Tag etwas los. Das muss nicht nach einem System geschehen, auch wenn ich Ihnen noch eines empfehlen werde. Sie können sich fürs erste auch ganz abstrakt entlasten, indem Sie alte E-Mails oder Telefonnummern aus Ihrem Handy löschen.

Stellen Sie sich vor, es brennt, und Sie müssen binnen fünf Minuten Ihre Wohnung oder Ihr Haus räumen. Was nehmen Sie mit? Den Stapel auf dem Schreibtisch oder Ihre Kinder? Zehn Gläser Marmelade oder Ihre Katze? Ihren Computer oder Ihren Ehering? Es ist nicht viel, was uns wirklich am Herzen liegt. Was wir bedingungslos lieben wie unseren Partner, die Kinder und die Haustiere, wenige zentrale Erinnerungsstücke. All das ist relativ leicht in Sicherheit zu bringen.

Überlegen Sie umgekehrt, welche Bleikugel Ihnen am Bein hängt, was Sie hindert und niederdrückt. Ballast hat viele Gesichter: Es kann eine Wohnung sein oder Bekannte oder falsche Freunde oder ein Partner, den Sie schon lange nicht mehr lieben, ein Job, der Ihnen vermeintlich Sicherheit gibt, Sie aber unglücklich macht. Oder auch Verhaltensmuster, von denen Sie sich nicht lösen können.

JETZT-TIPP: Auge um Auge, Stück um Stück

Versuchen Sie als erstes, eine Grundregel zur *Gerümpelvermeidung* einzuhalten: Für jedes neue Teil verschwindet ein vergleichbares altes. **Entsorgen, verschenken, verkaufen** Sie es. Bei uns zu Hause achtet vor allem mein Mann strikt darauf, dass wir diese Regel einhalten. Mit einem Müllsack bewaffnet durchstreift er das Haus… Und so genieße ich heute den **befreienden Luxus** relativer äußerer Besitzlosigkeit.

ÜBUNG: Was haben Sie zu viel?

Notieren Sie, wovon Sie zu viel **angehäuft** haben.
- Defekte Dinge, die Sie zur Reparatur bringen wollten,
- Altmöbel, die der Aufbewahrung von Gerümpel dienen,
- Nippes, der nicht nach Ihrem Geschmack ist,
- hässliche und nutzlose Geschenke,
- Sammelobjekte aller Art,
- Leihgaben und Hinterlassenschaften von Ex-Partnern,
- Statussymbole, technischer Schnickschnack,
- Körpergewicht, unter dem Sie leiden,
- »freiwillige« Verpflichtungen und Ehrenämter,
- Menschen, die Sie ausgenutzt haben,
- *Denkschablonen…*

WAS SIE WIRKLICH BRAUCHEN…

… ist das, womit Sie täglich umgehen, womit Sie sich kleiden, was Sie in den Händen halten und womit Sie arbeiten. Erscheinungsbild und Wohnraum eines Menschen spiegeln seine innere Befindlichkeit. Sie sollten es sich wert sein, dass Sie sich gut kleiden. Sie müssen nichts Teures tragen, sondern das, was zu Ihnen passt, worin Sie sich wohlfühlen und gut aussehen. Pflegen Sie sich, achten Sie auf sich. Halten Sie in Ihren Räumen und am Arbeitsplatz Ordnung und Klarheit.

Obwohl es um etwas nach außen Sichtbares geht, handelt es sich hier keineswegs nur um Äußerlichkeiten. Es geht um nichts Geringeres als Ihr Selbstbild, um Ihren Selbstwert und damit auch um die Energien, die Sie für Problemlösungen, Aufgaben und Entscheidungen brauchen.

Der Stil eines Menschen spiegelt seine Seele mit ihren Hemmungen und Ängsten wider, aber auch alles Positive wie seine Offenheit für Neues. Er zeigt, was er liebt. Menschen mit einem verstopften Umfeld, das sie lähmt, können oft nur schwer Neues zulassen. Das kann die Ausmaße eines psychischen Leidens annehmen, das therapeutische Hilfe erfordert: Am diesem sogenannten Messie-Syndrom leiden etwa zwei Millionen Deutsche.

LOS GEHT'S: *ENTRÜMPELN* PRAKTISCH

Sind Sie bereit, Ihr Leben in die Hand zu nehmen und zu entrümpeln? Gut so! Dann lassen Sie uns loslegen! Sich an einem freien Tag mal eine Stunde Zeit zu nehmen, bringt nichts. Legen Sie sofort los. Wenn die Sache dann anfängt, Ihnen Spaß zu machen, wird sie zum Selbstläufer, und Sie müssen keine Termine mehr dafür ansetzen. Schieben Sie es nicht auf Ihren nächsten freien Tag oder aufs Wochenende. **Morgen ist nie. Immer ist heute.**

Es liegt an Ihnen, die Verantwortung für Ihr Leben zu übernehmen. Und Sie sind niemandem Rechenschaft schuldig außer sich selbst. Wenn Sie den Sofort-Termin mit sich selbst nicht einhalten, ist das Ihre Entscheidung und auch legitim. Nur: Dann wird es nicht gelingen. Wenn Sie mit Entschlossenheit an die Sache herangehen, wird es Ihnen leichtfallen, das Projekt »Loslassen« in Ihrem Leben zu etablieren. Dann ist es nicht mehr nur mein Rat, den Sie befolgen, sondern es wird Ihr Projekt, Ihr unbedingtes Anliegen.

AUGEN AUF UND DURCH!

Im ersten Schritt müssen Sie lernen, Ihre Umgebung genauer wahrzunehmen, Ihre Räume, die Möbel und deren Inhalt. Bei allem sollen und werden Sie sich fragen, ob Sie es brauchen. So trennen Sie wertvollen Besitz von Gerümpel. Alles Gute bekommt seinen besonderen Platz, der Rest wandert direkt in dafür vorgesehene Kisten.

Wenn Sie meine Tipps in diesem Kapitel bis hierher befolgt haben, ist der Anfang schon gemacht, und Sie haben sich bereits von einigem Ballast getrennt. Das ist ein toller erster Schritt – reicht aber noch nicht. Jetzt geht es ans Eingemachte: Sie unterziehen Ihr komplettes Umfeld einer gründlichen Prüfung.

Sortieren Sie nach folgenden Kriterien:
1. Welche Dinge benutzen und lieben Sie, welche nicht?
2. Welche Dinge liegen nur herum und sind nicht geordnet?
3. Welche Dinge sind zu viel für den vorhandenen Raum?
4. Welche Dinge und Projekte liegen brach und sind nicht zu Ende zu bringen?

Halten Sie sich nicht zu lange mit Listen auf, sondern schreiten Sie zur Tat!

VORGEHEN MIT SYSTEM

Vielleicht fangen Sie außen an und arbeiten sich dann nach innen vor. Vor der Haustür und auf dem Balkon muss es leer sein. In der Diele oder dem Flur beginnen Sie mit allem, was an der Wand lehnt oder hängt oder sonst herumsteht. Dann kommt der Inhalt von Garderobe und Schuhschrank. Prüfen Sie jeden Gegenstand, jedes Kleidungsstück. Fragen Sie sich: Hängt mein Herz daran? Hängen Sie alles, was Sie behalten möchten, ordentlich auf und sortieren den Rest aus. So arbeiten Sie sich durch die Wohnräume, das Bad, den Keller und den Dachboden.

Nehmen Sie sich für Sie machbare Abschnitte vor. Auch ein winziger Flur kann zur Abstellkammer geworden sein. Machen Sie beim nächsten Mal dort weiter, wo Sie aufgehört haben, und lassen Sie zurückeroberten Raum frei. Bleiben Sie konsequent dran und lassen Sie nicht das Angefangene liegen. Der erste

TEST: Sind Sie ein Messie?

Wer eine starke Sammelleidenschaft hat, leidet eventuell am Messie-Syndrom. **Hintergrund der Störung** ist, dass die Betroffenen nicht tun, was sie eigentlich wollen. Vermüllen, Zwangshandlungen wie Sammelwut, Waschzwang und Suchtverhalten sind die *äußeren Anzeichen.*

Beantworten Sie die folgenden **Fragen** für sich mit »Ja«/»Nein« oder »Trifft zu«/»Trifft nicht zu«:

- Ich kann nichts wegwerfen. Für irgendetwas wird es mal gut sein.
- Papierkram und Ähnliches fällt mir schwer. Für andere kann ich das besser.
- Ich bin ständig im Zeitdruck.
- Ich gehe gerne etwas kaufen, obwohl ich zu Hause kaum noch Platz habe.
- Vieles im Fernsehen und im Radio darf ich nicht verpassen.
- Alte Zeitschriften und Zeitungen könnten wertvolle Informationen enthalten.
- Ich bin schnell überfordert und gereizt und kann schlecht abschalten.
- Freunde beklagen meine Stimmungsschwankungen.
- Beim Aufräumen weiß ich nicht, wo ich anfangen soll, und lasse es lieber ganz.
- Ich bin mit Organisation und Planung des Alltags oft überfordert.
- Ich hatte oder habe ein Suchtproblem (Alkohol, Nikotin, Fernsehen, Essen).
- Ich neige zu Zwangshandlungen.

Auswertung:

Bei bis zu **dreimal** Ja ist alles **in Ordnung**. Mag sein, das es nicht sehr aufgeräumt ist bei Ihnen, aber Sie haben die Dinge im Griff und sind handlungsfähig. Bejahen Sie bis zu **sechs** Fragen, haben Sie **öfter Probleme** mit Ordnung und Überblick. Ihre alltäglichen Aufgaben können Sie aber erledigen. Haben Sie mehr als **sieben** Fragen mit Ja beantwortet, bereitet Ihnen der Alltag mit seinen Aufgaben **große Probleme**. Dann brauchen Sie unter Umständen professionelle Hilfe, um sich zu entlasten und *Lebensqualität* zurückzugewinnen.

Elan trägt Sie nicht bis ins Ziel. Sie brauchen Ausdauer und Geduld. Ordnunghalten ist eine Daueraufgabe. Nehmen Sie sich Ihren Haushalt immer wieder vor.

Bei uns übernimmt das mein Mann: Steht etwas rum, entsorgt er es. Das haben inzwischen auch meine Kinder verstanden, weshalb es bei uns keine langen Diskussionen darüber gibt, ob das Kinderzimmer jetzt oder später aufgeräumt wird. Ist das nicht schön?

Gerade wenn Sie das Gefühl haben, Ihnen wächst etwas über den Kopf oder Sie sind blockiert, kann das Räumen und Leeren eine regelrecht therapeutische Wirkung entfachen. So ist es zumindest mir ergangen.

GEWOHNHEITEN *DURCHBRECHEN*

Loszulassen, was belastet und nicht guttut, ist auf der Sachebene relativ einfach. Mit etwas Übung wird diese Entlastung zur Selbstverständlichkeit. Sie lernen, sich auf das Schöne und Gute zu fokussieren. Diese Praxis sollten Sie auf Ihr Innenleben übertragen. Man schleppt auch inneres Gerümpel herum: überholte Verhaltensweisen, Beziehungsmuster, die einen mit den falschen Menschen und Energieräubern zusammenbringen, Fehlbewertungen und Vorurteile, Erwartungen anderer Menschen und schlechte Angewohnheiten. Auch wenn einem manches davon bewusst ist, fällt die Trennung davon schwer.

Der Mensch zieht Bekanntes dem Unbekannten vor, auch wenn es das Leben erschwert. Das hat auch seine Berechtigung: Gewohnheiten wie ein immer gleicher Tagesablauf, die Fahrt zum immer gleichen Urlaubsort oder das Einhalten bestimmter Rituale zu Feiertagen wie Ostern oder Weihnachten schenken Sicherheit. Nur können sie – wenn aus Gewohnheiten Zwänge oder Fixierungen werden – lähmend wirken und die Entwicklung blockieren. Gerade in Krisen ist Flexibilität das Gebot der Stunde. Sie müssen auch innerlich die Hände frei haben, um zu handeln, und sich nicht behindern lassen.

DEN INNEREN HANDLUNGS-SPIELRAUM VERGRÖSSERN

Wollen Sie Glück in Ihr Leben locken, müssen Sie ihm Platz machen. Das funktioniert nur, wenn Sie geistig und seelisch loslassen und Ihr Leben vereinfachen. Analysieren Sie deshalb Ihren Alltag auf inneren Ballast hin:

- Was macht Ihnen das Leben schwer?
- Was ist immer wieder zu viel?
- Welche Gedanken lähmen oder belasten Sie?
- Was möchten Sie ändern, damit es Ihnen besser geht?
- Leben Sie nach den Ansprüchen anderer Menschen?
- Achten Sie gut auf sich?

Schreiben Sie bitte die Begriffe und Gedanken auf, die Ihnen einfallen. Dies ist der erste Schritt zur Selbstreflexion, der Ihnen dabei hilft, Gutes und Schlechtes, Energiequellen von Energieräubern zu trennen.

Schreiben Sie jetzt den Satz: »In Zukunft verzichte ich darauf, …« und setzen Sie dahinter, was Sie am meisten belastet, etwa: »… es allen recht machen zu wollen.« Oder: »… dass alles perfekt sein muss.« Oder: »… dass mich jeder mögen sollte.«

Seien Sie dabei konsequent. Lassen Sie nichts mehr in Ihr Leben, das Sie beschwert, traurig oder passiv macht. In dem Moment, in dem Sie sich für das Loslassen von überlebten Gedanken und Mustern entscheiden, sind Sie wieder Herr Ihres Lebens und nicht mehr fremdbestimmt.

NEIN SAGEN LERNEN

Der erste Schritt zum inneren Loslassen und zur Selbstbestimmung ist, bewusst »Nein« zu sagen. Das gilt schon bei möglichen Anschaffungen: »Nein, diese Handtasche brauche ich nicht.« Und es gilt bei möglichen neuen Problemen und Aufgaben: »Nein, das ist jetzt nicht mein Problem.« Oder: »Nein, ich habe genug zu tun.« Seien Sie dabei klar und deutlich. Indem Sie anderen Menschen Ihre Grenzen zeigen, schaffen Sie Handlungsfreiheit. Natürlich sind im beruflichen und familiären Miteinander Kompromisse nötig, aber Sie sollten sich klarmachen, dass Sie – wie jeder andere auch – entbehrlich sind. Das schmälert keineswegs Ihren Selbstwert, sondern bringt enorme Freiräume! Denn jedes Ja, das Sie gegen Ihren Willen sagen, kostet Sie Zeit und Energie und setzt Sie unter Stress. Das ist auch der Fall, wenn Sie es Menschen zuliebe tun, die Sie lieben!

Wenn jemand Sie fragt, ob Sie dieses oder jenes erledigen könnten, atmen Sie durch und überlegen Sie, was Sie von einem Ja hätten. Ist ein Nein vielleicht besser und gesünder für Sie? Verbinden Sie Ihre Absage mit einem Lächeln, bleiben aber bestimmt und bei sich. Sie werden sehen, je öfter Ihnen ein Nein über die Lippen kommt, desto mehr nimmt man Sie und Ihre Grenzen ernst. Kein Mensch ist rund um die Uhr verfügbar, und jeder hat ein Recht auf Freiraum und -zeit. Ein rechtzeitiges »Nein« schenkt Ihnen Stärke und schafft ungeahnte Spielräume!

DIE *CHANCE* ZUR VERÄNDERUNG ERGREIFEN

Gewohnheiten und Rituale sind gut, wenn sie einem Halt geben. Manche Menschen brauchen sie mehr, andere weniger.

Prüfen Sie, wie viel Halt Ihnen guttut und wann er sich lähmend auswirkt. Wo bedeutet also Halt zugleich Stopp? Im Extremfall können sich Zwangshandlungen einschleichen, wie etwa die Tür immer zweimal abzuschließen, jedes Mal beim Weggehen zurückzurennen, um zu prüfen, ob der Herd noch an ist, und so weiter. Das ist an und für sich nicht so tragisch, es schwächt Sie aber, weil Sie sich Ihren Ängsten ergeben und erstarren, statt die Initiative zu ergreifen.

In Krisen können Gewohnheiten zu echten Blockaden werden und den Weg zu Intuition, Kreativität und Flexibilität verstellen. Häufig tut man einfach wieder, was man in Krisenzeiten immer schon falsch gemacht hat: den Kopf in den Sand stecken, in Selbstmitleid versinken, die Situation ignorieren oder verdrängen. Eine Problemlösung wird so unmöglich, und je öfter Sie dieses Verhalten wiederholen, desto mehr zementieren Sie dieses Muster.

Machen Sie's ab sofort anders! Leiten Sie – in guten wie in schlechten Zeiten – spontan Veränderungen ein und verlassen Sie bewusst Ihre Komfortzone. Das mag banal erscheinen, versichert Sie aber Ihrer Handlungsfähigkeit und Selbstbestimmtheit. Denn wenn Sie umgekehrt merken, dass Sie sich immer wieder gleich verhalten und damit zu keinem positiven Ergebnis kommen, dann müssen Sie etwas unternehmen.

DIE CHANCE ZUR VERÄNDERUNG ERGREIFEN

KLEINER ANFANG, GROSSE WIRKUNG

Nur Sie können Ihre Schablonen durchbrechen und Ihre Intuition aktivieren. Jede kleine Veränderung bringt Bewegung in Ihr Leben, auch wenn sie weder zielführend ist noch ein Problem löst. Sie lernen so, Aufgaben unbefangen anzupacken. Sie werden wacher und offener dafür, was um Sie herum geschieht.
Verlassen Sie sich darauf: Sobald Sie etwas Neues ausprobieren und dafür die eingefahrenen Pfade verlassen, wird Ihre Offenheit Sie zum passenden Zeitpunkt auf die richtige Idee bringen und Sie auf die richtigen Menschen und Gelegenheiten stoßen lassen.
Fangen Sie langsam an: Nehmen Sie morgens die Zahnbürste anstatt in die rechte in die linke Hand. Decken Sie den Tisch mit einem anderen Geschirr. Trinken Sie statt Kaffee einen grünen Tee. Nehmen Sie, wenn es sich anbietet, das Fahrrad für den Weg zur Arbeit oder gehen Sie einen anderen Weg. Aber beginnen Sie sofort mit der Veränderung. Der gute Vorsatz genügt nicht. **Programmieren Sie alle Ihre Sinne auf Änderung und Reduzierung.** Bald können Sie mehr wagen und zum Beispiel morgens Yoga machen oder laufen, je nachdem, was Ihnen guttut. Sie müssen nicht Ihr Leben von einem Tag auf den anderen total umkrempeln, aber in ersten Kleinigkeiten, die Sie anders gestalten, steckt viel kreative Energie, die Ihr Selbstbewusstsein und Ihre Autonomie stärkt. Starten Sie klein, aber starten Sie sofort. Jeder Aufschub ist Gift für die Veränderung. Oft zieht schon eine winzige Veränderung viele weitere nach sich. **Entscheidend ist, dass Sie anfangen, etwas zu verändern.** Und Sie werden garantiert Lust auf große Veränderungen bekommen!

LOSLASSEN, WAS IHNEN NICHT ENTSPRICHT

Machen Sie eine Positiv-Bilanz ähnlich der, die Sie schon beim Entrümpeln erstellt haben – eine Bilanz dessen, was Ihnen guttut und dableiben soll. Denn wenn Sie selbstbestimmt leben wollen, müssen Sie sich Ihrer Verhaltensmuster bewusst sein, um sich von den überlebten zu verabschieden. Beantworten Sie dazu die folgenden Fragen und schreiben Sie die Antworten auf, um sie zu verinnerlichen:
- Welche Menschen stehen mir am nächsten?
- Welche Aufgaben erfülle ich gerne, welche bringen mir Freude?
- Welche Rituale und Gewohnheiten möchte ich unverändert beibehalten, weil Sie mir guttun und Kraft schenken?
- Welche Werte sind mir absolut wichtig?
- Hinter welchen Überzeugungen stehe ich?
- Welches Ziel möchte ich in meinem Leben unbedingt erreichen?

Entrümpeln ist Entscheiden

Beim Entrümpeln geht es wie in anderen Lebensbereichen um das Entscheiden: Eine bewusst getroffene Entscheidung ist immer *stimmig* mit der Person, die sie trifft. Stellt man sich dazu die richtigen Fragen, führt dies zu einer **besser strukturierten Lebensweise.** So verschwindet das Gerümpel nicht nur aus der Wohnung, sondern auch aus dem *Kopf.*

WEGE AUS DER *FREMDBESTIMMUNG*

Wer sich in einer Krise nicht aus der Fremdbestimmung befreit, hat ein Problem. Es nützt Ihnen nichts, wenn Sie Ihrem Arzt zuliebe eine Therapie beginnen, von der Sie nicht überzeugt sind. Es nützt Ihnen auch nichts, wenn Sie aus Angst vor Streit an Menschen festhalten, die Ihnen nicht guttun. Und es nützt Ihnen nichts, wenn Sie an fremden Überzeugungen festhalten. Natürlich sind ein gewisses Maß an Anpassung, Vertrauen in das Wissen anderer und gemeinsame Werte wichtig für das Miteinander. Nur: Je fremdbestimmter man ist, desto mehr Kraft kostet das Leben. Denn übernommene Werte behindern Ihren Blick auf Ihre Bedürfnisse und Energiequellen. Ihre eigenen Visionen verkümmern.

Wenn Sie oft das Gefühl haben, im falschen Film mitzuspielen, oder chronisch unzufrieden und niedergeschlagen sind, ist es an der Zeit, Ihren Grad an Fremdbestimmung zu prüfen und ans Loslassen zu gehen. Am einfachsten ist es, sich aus direkter Fremdbestimmung zu lösen. Wenn Sie nur ins Fitnessstudio gehen, weil Ihre beste Freundin davon begeistert ist, Sie selbst sich aber eigentlich ungern vor Spiegeln schwitzen sehen, dann lassen Sie es und wählen eine Sportart, die Ihnen Spaß macht. Oder wenn Sie Ihre Wohnung mit lauter Möbeln aus Glas, Metall und Leder eingerichtet haben, weil die gerade angesagt sind, Sie selbst sich aber eher mit Kuschelsofas, Holz und Naturtextilien wohlfühlen, dann ist es Zeit für eine Veränderung.

Etwas schwieriger wird es mit verinnerlichter Fremdbestimmung in Form von Mustern, Werten und Modellen. Diese sind in jungen Jahren überlebenswichtig – Kinder lernen nur durch Nachahmung –, sie können aber auch fatale Folgen haben. Wenn die positiven Seiten eines Musters überwiegen und es Ihre Fähigkeiten fördert, so ist das wunderbar. Überwiegt aber das Negative, müssen Sie das Muster so

---

Trauen Sie Ihrem Bauchgefühl!

Wer Entscheidungen vermeidet, überlässt anderen das Feld. Das gilt auch für den Versuch, sich alle Wege offen zu halten. **Vermeintliche Optionen** sind nichts anderes als Gerümpel. Jeder von uns hat einen *Autopiloten,* der schon eine Entscheidung getroffen hat, längst bevor man bewusst abwägt. Jeder Mensch, wissen Neurologen, entscheidet sich unbewusst, also nach dem Gefühl. Und so trifft er die Entscheidung, die ihm guttut. Das ist beim Einkaufen nicht anders als bei großen Fragen. Schalten Sie also bei jeder Entscheidung erst einmal den Verstand ab! Hören Sie auf Ihr *Gefühl:* Was tut mir gut? Was schadet mir?

schnell wie möglich auflösen. **Wer selbstbestimmt lebt, verfügt über große Ressourcen und enorme Energiequellen.**

KONZENTRATION GANZ AUF SICH SELBST

Wenn Sie sich klar darüber werden, was Ihre Persönlichkeit ausmacht und was Ihnen guttut, dann fühlen Sie sich nicht nur besser. Sie strahlen auch Stärke und Selbstbewusstsein aus und haben Zugriff auf Ihre Energiequellen – die beste Voraussetzung für mehr Widerstandskraft in Krisenzeiten.

- Formulieren Sie Ihre Wünsche und Anliegen immer verbindlich, also: »Ich muss...« Nicht: »Ich würde gerne...« oder »Es wäre schön, wenn...«, »Ich könnte vielleicht...«
- Glauben Sie unerschütterlich an sich, Ihren Entschluss und Ihre Kraft.
- Seien Sie mit sich zufrieden, auch wenn Sie nicht die perfekte Beziehung, das perfekte Haus oder Auto haben. Noch nicht...
- Denken Sie nicht daran, was andere über Sie denken könnten. Erstens machen sich andere viel weniger Gedanken über Sie, als Sie glauben. Zweitens haben auch die anderen ihr Päckchen zu tragen. Sie führen Ihr Leben – niemand anders.
- Machen Sie nichts, damit andere Sie loben, sondern damit es Ihnen besser geht.
- Nehmen Sie nur mit dem Ziel ab, sich selbst schöner und gesünder zu fühlen, und nicht, um anderen zu gefallen.
- Stehen Sie zu Ihren Fehlern. Sie machen Sie zu einer perfekten, runden Persönlichkeit – und zu einem Menschen.
- Machen Sie sich mit allem vertraut, was Sie gut an sich finden. Äußeres gilt ebenso wie innere Werte und Stärken.
- Achten Sie sich so wie andere Menschen und begegnen Sie sich und anderen mit Respekt.
- Kritisieren Sie Ihre Mitmenschen nicht und lassen Sie jeden so sein, wie es ihm gefällt. Wir sind alle Individuen mit unverwechselbarer Persönlichkeit.
- Lassen Sie alle unrealistischen Erwartungen und Ansprüche in Frieden ziehen.

ÜBUNG: *Auf eigene Erwartungen fokussieren*

Die folgende Übung kann Ihnen dabei helfen, sich von **Erwartungen anderer** zu lösen. Notieren Sie Ihre Überlegungen, bevor Sie weiterlesen.

- Schreiben Sie alles auf, was Sie unter *Druck* setzt oder nicht so ist, wie Sie es gerne hätten. Was entspricht überhaupt nicht Ihren Vorstellungen in Ihrem Alltag? Was stört Sie? Was sorgt für wiederkehrende negative Gefühle?
- Schreiben Sie nun zu jedem Punkt auf der obigen Liste einen *Lösungsansatz* auf. Formulieren Sie die Wünsche in der Ich-Perspektive: »Ich will bis zum 1. Mai drei Kilogramm weniger wiegen, um mich besser zu fühlen.« Dehnen Sie diese Wünsche auf alle Bereiche Ihres Lebens aus, auf Ihren Beruf und auf Ihre Beziehungen.

FREUNDE UND ENERGIERÄUBER

In einer Zeit, in der Partnerschaft und Ehe immer weniger Stabilität bieten und sich die Familienbande lockern, bieten echte Freundschaften Halt. In Umfragen zum Thema Glück stehen in Deutschland Freundschaften ganz oben auf der Liste. Gute Freunde tun einem gut und stehen einem in guten wie in schlechten Zeiten bei. Man fühlt sich wohl in ihrer Nähe, sucht das Gespräch und ist füreinander da. In jungen Jahren unterstützen uns Freunde bei der Entwicklung unserer Persönlichkeit. Sie geben uns Orientierung, Geselligkeit, Geborgenheit und Vertrauen. Sie stärken das Selbstwertgefühl und zeigen uns, dass wir geliebt werden.

FREUNDSCHAFTEN PFLEGEN

Nehmen Sie sich Zeit vor allem für die Menschen, die Ihr Leben erfüllen. Planen Sie feste Zeiten ein – für Ihre Freunde, Ihren Partner oder Ihre Kinder. Vielleicht haben Sie ein Hobby, das Sie miteinander pflegen. Oft reicht es schon, sich einfach mal zu melden. Ihre Freunde wollen wissen, wie es Ihnen geht, und freuen sich über die Aufmerksamkeit. Denn wenn das Gespräch einmal abreißt, ist es oft schwer, wieder anzuknüpfen. Das kenne ich nur zu gut, denn mit meinen vier Kindern und der Arztpraxis ist es mir unmöglich, viele Kontakte zu pflegen. Das tut mir oft leid, und nur wenige Menschen um mich haben Verständnis für meinen Umgang mit der knappen Ressource Zeit. Auch mein Tag hat eben nur 24 Stunden, und die vergehen immer ruckzuck.

Gesunder Egoismus statt Harmoniesucht

Konflikte auszuhalten oder mal einen Streit vom Zaun zu brechen, weil man sich abgrenzen will, fällt oft schwer. Natürlich ist Harmonie angenehmer, aber wenn Ihre Bedürfnisse darunter leiden, dass Sie es allen recht machen wollen, läuft etwas falsch. Lernen Sie den Umgang mit dem **wichtigen Wort »Nein«** (siehe auch Seite 96). Nur wenn Sie für sich sorgen, können Sie auch für andere da sein. Wenn Sie Ihren Weg gehen und Ihre *Freiheit* finden, werden manche verdrießlich, weil sie **ähnliche Probleme** haben und sehen, dass Sie den *Weg* aus dem Dilemma gehen. Nehmen es nicht persönlich, wenn man Ihr Verhalten sonderbar findet. Lassen Sie sich nicht beirren. Strahlen Sie, weil Sie Ihren eigenen Weg gefunden haben. **Sie werden nicht glauben, wie es sich anfühlt, wenn man sein eigenes Ding macht.** Das ist *Glück!* Das ist nicht egoistisch und nicht unmoralisch.

Gute Freunde »spiegeln« einen, wie es in der Psychologie heißt, sie sagen offen, wie sie uns sehen und was sie gut oder nicht so gut an uns finden. Das Verhältnis von Geben und Nehmen ist ausgewogen, man tut einander gut. Deshalb sollte man diese Bande hegen und pflegen. Die echte Freundschaft unterscheidet sich vom Zweckbündnis und beruht immer auf gegenseitiger Sympathie. Wenn Sie so jemanden noch dazu als Partner haben, ist schon viel gewonnen. Das ist mein großes Glück, denn mein Mann ist zugleich mein Partner, mein allerbester Freund und Liebhaber in einem.

NEGATIVE RANDFIGUREN AUSSORTIEREN

Eine andere Kategorie Menschen, die man oft großzügig in seinen Freundeskreis lässt, sind Bekannte, Kollegen und Leute, die man vielleicht ganz nett findet, denen gegenüber man aber nie sein Herz öffnen würde. Unter ihnen sind nicht selten Energieräuber und Fremdbestimmer. Zeitgenossen, die nur von sich erzählen und ständig Ihre Bewunderung erwarten, haben in der Regel für Sie nicht viel übrig.

Dann gibt es noch jene Gattung von Leuten, die keine Gefühle für einen entwickeln können und unfähig sind, Mitgefühl zu empfinden, da sie nur um sich selbst kreisen. Gehen Sie Ihren Bekanntenkreis gedanklich auf diese Beziehungstypen hin durch. Überlegen Sie dann einmal, wie viel Zeit und emotionale Kraft Sie diesen Menschen schenken oder wie viel Raum sie in Ihrem Leben beanspruchen. Wer von Ihren Bekannten ist eine Bereicherung für Sie, wer eine Belastung? Wer meldet sich bei Ihnen nur, wenn er etwas von Ihnen braucht? Wer heult sich regelmäßig bei Ihnen aus, möchte Ihren Rat und ändert dann doch nichts an seinem Leben?

Heute gibt es auch die »virtuellen« Kontakte im Internet, die echte Freundschaften nicht ersetzen können. Auch hier lauern Zeiträuber und falsche Identitäten, die mehr scheinen als sie sind. Schenken Sie den wirklichen Menschen um Sie herum mehr Zeit als E-Mail- und Chat-Kontakten. Chatten ist für viele nur ein Spiel. Lösen Sie sich, auch wenn Sie Angst davor haben, von solchen Beziehungen. Sie kosten Sie nur Kraft und Zeit.

Gönnen Sie sich Leerzeiten

Gehen Sie jeden Tag um eine bestimmte Zeit laufen – in einem Park oder im Wald, jedenfalls in freier Natur. Gehen Sie raus, auch wenn es dunkel oder kühl ist und regnet. **Sie werden es lieben!** Lauschen Sie auf die Geräusche der Natur, genießen Sie den Gesang der Vögel, das Prasseln der Regentropfen, das Knacken der Zweige, das Sausen des Windes. Diese Eindrücke klären Ihren *Geist* und bringen Sie zu sich.

ABGRENZUNG MUSS SEIN

Sie müssen niemanden vor den Kopf stoßen. Aber fangen Sie an, indem Sie die gemeinsame Zeit klar beschränken. Grenzen Sie sich zu Beginn eines Gesprächs ab, sagen Sie etwa: »Ich habe leider nur eine Viertelstunde Zeit, aber wir können deine Themen gerne besprechen.« Halten Sie das Zeitlimit ein und bleiben Sie fest: »Nein, ich gehe jetzt.« Oder: »Wir hören wieder voneinander.« Sie werden sehr erleichtert sein, wenn es Ihnen einmal gelingt, sich von Nervensägen und Energieräubern abzugrenzen und zeitliche Autonomie zu gewinnen. Machen Sie sich auch keine Sorgen, Sie könnten jemanden sehr verletzen. Ein sensibler Mensch spürt sehr schnell, ob er Ihnen auf die Nerven geht oder Sie überstrapaziert. Andere vertragen auch einmal klarere Worte. Porzellan müssen Sie nicht zerschlagen.

GUTE *ZEITPLANUNG* BEFREIT DEN BLICK

Prüfen Sie, welcher Stress und welche Aufgaben selbst gemacht sind und was Ihnen andere aufbürden. Selbst gemachte Probleme und Pseudoverpflichtungen lassen sich mit gutem Zeitmanagement in den Griff bekommen. Lassen Sie Termine, Ämter und Aufgaben los, die Ihnen nicht so wichtig sind. Tun Sie konzentriert und achtsam das, was Ihnen Freude macht. So wird Ihr Alltag erfüllt, und Sie selbst fühlen sich ausgeglichen.

Zeitmanagement beinhaltet Selbstbestimmtheit. Denn letztlich ist die Zeitfrage immer vor allem eine Frage der Prioritäten. Nur Sie können Ihre täglichen 24 Stunden mit Sinn füllen und sich nutzbar machen.

Laden Sie sich also weniger auf. Verabschieden Sie sich von ungeliebten Hobbys, Ämtern und Aufgaben. Und lassen Sie nicht zu, dass andere Ihre Zeit verplanen. Wochenpläne, in denen Aufgaben und Termine sowie regelmäßige Pausen verzeichnet sind, eignen sich gut für Singles und Paare ohne Kinder. Je mehr Personen in die Abstimmung involviert sind, desto eher empfiehlt sich eine Planung in größeren Zügen, die Sie mit allen Beteiligten absprechen sollten. Sie werden staunen: Ich plane gar nichts mehr, mache mir nur morgens eine Liste mit maximal drei, vier Themen für den Tag. Ich lebe jeden Tag bewusst so, wie er kommt. Das bringt mir Freude. Für mich ist es eh das zweite Leben, und mein Leben mit Großfamilie und Arztpraxis ist einfach zu viel für Wochenpläne. Mein Mann hat wieder eine ganz andere Strategie, lebt mit Fünf-Jahres-Plänen. Auch ein Konzept. Bei uns geht beides fantastisch zusammen.

GUTE ZEITPLANUNG BEFREIT DEN BLICK

PLANEN IST TYPSACHE

Sind Sie ein Monats- oder Fünfjahresplaner? Finden Sie heraus, welcher Typ Sie sind. Reservieren Sie aber unbedingt Zeit für Ihre Bedürfnisse. Planen Sie fest Aktivitäten ein, die Ihnen guttun, wie etwa Yoga oder Laufen. Das ist besonders wichtig, wenn Sie sich immer viel um andere kümmern und anderen oft Gefallen tun.

Planen Sie Ihre Arbeitszeit flexibel. Ein Plan kann immer nur eine Stütze zum Einordnen wichtiger und weniger wichtiger Dinge sein. Ziel muss auf jeden Fall eine realistische Tagesarbeitszeit sein, die unter zwölf Stunden liegt. Schätzen Sie den Zeitbedarf für Ihre Aufgaben realistisch ein. Sagen Sie keine Termine vorschnell zu, sondern erbitten Sie sich Bedenkzeit. Sollten Sie dauerhaft in Verzug geraten, sollten Sie überprüfen, ob Sie sich zu viel vornehmen oder ob Sie die Zeiten zu knapp planen.

MEINE GOLDENEN REGELN FÜR DEN VEREINFACHTEN, GUT GEPLANTEN ALLTAG

- Stehen Sie eine halbe Stunde früher auf und nutzen die Zeit für Yoga, Atemübungen, Meditation, einen Spaziergang oder Morgenlauf. Wer in letzter Minute aus dem Bett springt, um gestresst im Bad zu stehen und hektisch zu frühstücken, verdirbt sich den Tag.
- Beachten Sie Ihren Biorhythmus! Jeder hat seine persönliche Leistungskurve. Biologen sprechen von verschiedenen »Chronotypen«. Wir sind eben zu bestimmten Zeiten leistungsfähiger als zu anderen. Der eine kommt frühmorgens gut aus den Federn und bringt zwischen 8 und 12 Uhr volle Leistung. Nach einem Tief zu Mittag kommt erst am frühen Abend ein Leistungshoch. Andere sind erst gegen Mittag fit, haben frühnachmittags einen Hänger und sind ab 16 Uhr wieder voll da. Am frühen Abend kommt wieder ein Leistungsabfall, gefolgt von einem späten Hoch, das bis in die Nacht dauern kann. Planen Sie passend zu Ihrer Leistungskurve. Gehen Sie danach, wann Sie sich am besten konzentrieren können, wann Sie am besten ausruhen oder Routinearbeiten erledigen und wann Sie sich fit machen. So entspricht Ihre Planung Ihrer inneren Uhr.
- Halten Sie Zeitlimits ein! Jede Aufgabe planen Sie nicht nur mit einem Termin für den Beginn, sondern auch fürs Ende. Erledigen Sie Ihre Aufgaben direkt. Ohne Pardon. Bei längerfristigen Aufgaben setzen Sie ein Etappenziel für den Tag. Lassen Sie nichts liegen, bis Sie Ihr angestrebtes Pensum erledigt haben. Verschieben Sie Terminsachen nicht. **Was Sie sich sofort vom Hals schaffen, befreit Sie und bringt Glücksgefühle.**
- Sonst halten Sie Ihre zeitlichen Beschränkungen konsequent ein. Für mich gibt es eine Wechselwirkung zwischen der Zeit, die ich einer Arbeit einräume, und der, die sie dann erfordert. Ich brauche in der Regel genauso viel Zeit, wie ich habe. Ein positiver Nebeneffekt des Zeitlimits ist, dass wir konzentrierter arbeiten und uns weniger ablenken lassen.
- Planen Sie Zeitpuffer für Termine ein, deren Verlauf Sie nicht allein in der Hand haben, wie etwa für Arzttermine. Teilen Sie große Arbeiten in Abschnitte auf! Je größer eine Aufgabe aussieht, desto schwerer fällt es uns, sie anzugehen. Bleiben Aufgaben liegen, verlieren Sie nicht die Nerven und verschenken Sie dafür keine Freizeit. Machen Sie kleine Schritte, aber machen Sie sie jetzt sofort.

LASS LOS – AUSSEN WIE INNEN!

HANDELN IM HIER UND JETZT MACHT GLÜCKLICH

Machen Sie sich jeden Moment Ihres Lebens bewusst. Das gibt Ihnen ein Gefühl für Ihren Willen, Ihren Antrieb und Ihre Handlungsfähigkeit. Der japanische Zen-Buddhismus nennt dieses Prinzip Achtsamkeit. Momente der Achtsamkeit kann mein Mann schon mit einem Blinzeln in der Morgenstunde auslösen, eine Patientin, die mich drückt, weil sie endlich schwanger ist, oder meine Kinder mit einem Gutenachtkuss. **Freuen Sie sich über den einen magischen Moment, den jeder Tag mit sich bringt.** Erwarten Sie ihn, seien Sie offen, dann passiert er auch Ihnen, im Großen oder Kleinen ... Es bedeutet nichts anderes, als ganz im Jetzt zu sein, sich von nichts ablenken zu lassen und das, was man tut, bewusst zu tun. Wenn Sie gehen, tun Sie jeden Schritt bewusst. Wenn Sie sich einem Menschen zuwenden, dann voll konzentriert, wenn Sie die Blumen gießen, tun Sie auch dies achtsam ... Achtsames Handeln ist das Gegenteil von Multitasking, auf das moderne Frauen oft besonders stolz sind: Beim Telefonieren bügeln, die Post in Empfang nehmen und den Müll hinaustragen. Angeblich spart Multitasking Zeit. Es bringt einen aber ins Schludern. Denn man tut nichts bewusst und konzentriert. Es setzt einen unbewusst unter Stress, dass man nicht mehr Herr seiner Handlungen ist, sondern wie ein Automat auf Kommandos reagiert.

Wenn Sie Achtsamkeit zur Selbstverständlichkeit werden lassen, erwacht Ihr Gefühl dafür, welche Tätigkeiten Ihren Bedürfnissen entsprechen und was Sie nur nervt oder auszehrt. Wenn Sie unangenehme Alltagspflichten konzentriert erledigen, gehen sie Ihnen leichter von der Hand. Leben Sie so jeden Moment Ihres Lebens ganz bewusst.

RÜCKSCHLÄGE AKZEPTIEREN UND DRANBLEIBEN

Nach der ersten Loslass- und Veränderungseuphorie – »Es war gar nicht so schwierig!« – kann sich ein Durchhänger einstellen. Das ist normal, denn alte Gewohnheiten können wie Stahlseile sein und Sie geradezu fesseln! Jetzt gilt es, den positiven Veränderungsprozess in den Alltag einzubauen. Stress und Ängste sind die häufigsten Ursachen für vorschnelles Aufgeben. Mancher fällt trotz erster Anfangserfolge bald in alte Muster zurück. Ärgern Sie sich jetzt nicht mit Versagensgefühlen. Ein Rückfall ist menschlich. Morgen gehen Sie's wieder anders an.

Überprüfen Sie Ihre Einstellung: Sind Ihnen Ihre anfangs formulierten Ziele noch wichtig? Wenn ja, halten Sie sich daran und machen Sie schonungslos Ihr Ding. Unser Kopf liebt seine alten Gewohnheiten, und es kann dauern, bis Sie das Loslassen verinnerlicht haben. Es lohnt sich.

Sehen Sie sich die Hürden auf Ihrem Weg an. Sind sie es wert, Sie von Ihrem Vorhaben abzubringen? Die Antwort kann nur sein: Nein! Sie lassen sich nicht abbringen von Ihren Wünschen! Hirnforscher sagen, dass nach etwa einem halben Jahr eine neue Verhaltensweise neue Verbindungen zwischen den Gehirnzellen etabliert hat, die das Neue als Gewohnheit verankern. Das ist doch mal ein Wort!

Planen Sie Ihren schönsten Tag! Lassen Sie nicht andere über Ihre Zeit verfügen.

GUTE ZEITPLANUNG BEFREIT DEN BLICK

Offen sein für die Magie

Jede Minute und Sekunde Ihres Lebens ist gleich viel wert. Achten Sie **jedes Stück Ihrer Lebenszeit** und denken Sie im Alltag daran, dass jeden Augenblick etwas *Magisches* passieren kann, auch ganz unvermittelt, wenn Sie in der Küche arbeiten, eine Tasse Tee genießen oder laufen …

GLÜCKSREZEPT DREI:
Achte (auf) deinen Körper!

Gerade in Krisenzeiten gilt es, geistig und körperlich in Bewegung zu bleiben. Für ein zufriedenes und erfülltes Leben oder auch nur eine positive nächste Lebensphase brauchen Sie ein stimmiges Lebensziel und einen gesunden Lebensstil. Denn ohne Gesundheit ist alles nichts. Sie wissen: Ich weiß, wovon ich rede.

Jeder Mensch wünscht sich natürlich ein gesundes und glückliches Leben. Dazu sind wir schließlich auf der Welt.
Schon die Römer wussten, dass echte Lebensqualität nur so zu erreichen ist: *Mens sana in corpore sano* – ein gesunder Geist in einem gesunden Körper –, das war ihre klassische Devise. Dieses Prinzip galt bereits vor 2000 Jahren als der Königsweg zu Lebenszufriedenheit und Wohlbefinden. Heute bestätigen Sportwissenschaftler und Mediziner in Studien, wie eng Körperzufriedenheit und Selbstwertgefühl zusammenhängen.

Jeder, der etwas für sich und sein physisch-psychisches Wohlbefinden tut, verschafft sich mehr Lebenszufriedenheit. Und es ist eine Binsenweisheit, dass zufriedene Menschen eine bessere Ausstrahlung haben, sowohl gelassener als auch beliebter sind und ein erfolgreicheres Leben führen. Wichtig dabei ist der liebevolle Blick auf sich selbst und das Wissen, wie gut es ist, etwas für sich zu tun.
Was sollen Sie also tun? Erstens laufen, zweitens richtig atmen und drittens sich richtig, also ausgewogen und gesund ernähren. Das sind meine weiteren Zutaten zum Glück.

Mit Laufen in Bewegung kommen

Regelmäßige Bewegung gehört zu jedem empfehlenswerten »Tu-dir-was-Gutes«-Programm. Viele aktuelle Gesundheitskampagnen stellen bei der Behandlung psychischer Probleme oder nach schweren Erkrankungen körperliche Aktivität in den Mittelpunkt!

Der Mensch ist auf ein großes Maß körperlicher Bewegung programmiert. Über Abertausende von Generationen waren unsere Vorfahren auf eine gut ausgebildete Muskulatur und Ausdauer angewiesen. Ihre Existenz und damit das Überleben der menschlichen Art hing direkt von der körperlichen Leistungsfähigkeit ab. Unsere Urahnen mussten von früh bis spät rennen, jagen, kämpfen oder andere Schwerstarbeit leisten, um für Nahrung zu sorgen. Klar, dass es Übergewicht noch nicht gab – wahrscheinlich ebenso wenig wie Depressionen und Lethargie, denn so etwas konnte man sich schlicht nicht leisten. Skelett, Muskeln, Stoffwechsel, Hormon- und Immunsystem, unser ganzer Körper und natürlich auch die Psyche sind an ausgiebige und herausfordernde Aktivität angepasst – und schreien danach!

FOLGEN SIE EINFACH IHRER *NATUR*

Bis heute steckt die Fixierung auf den körperlichen Überlebenskampf in unseren Genen. Schon ein oberflächlicher Blick auf die Evolution zeigt, wie sehr sich das Leben hinsichtlich körperlicher Aktivität verändert hat: Generationen unserer Urahnen haben als Jäger, Sammler oder Nomaden täglich lange Strecken zu Fuß zurückgelegt. Auch die ersten als Steinzeitbauern sesshaft gewordenen Nachfolger mussten Tag für Tag viele Stunden körperlich hart arbeiten, um zu überleben. Sie sehen, warum wir heute in Sachen Bewegungsverhalten in der Zwickmühle stecken. Erst vor etwa zehn Generationen setzte die industrielle Revolution ein. Auch danach waren die meisten Menschen immer noch hohen körperlichen Anforderungen ausgesetzt.

Seit ungefähr 50 Jahren und umso mehr seit dem Beginn des Computerzeitalters sitzen viele Menschen ihren Berufsalltag nur noch ab und ernähren sich ohne nennenswerte körperliche Anstrengung. Muskelapparat, Stoffwechsel, Immunsystem und der Mechanismus des Stressabbaus sind aber völlig unverändert und verlangen auch im Informationszeitalter viel Bewegung.

LAHMGELEGT HEISST MATTGESETZT

Wenn Sie sich zu wenig bewegen, setzen Sie Ihren Stoffwechsel matt und altern schneller. Außerdem schlägt Ihnen der Bewegungsmangel aufs Gemüt, macht Sie niedergeschlagen und passiv. Auf Dauer lässt die Muskulatur nach. Damit bringt man das wichtigste Stoffwechselorgan im Körper zum Schwinden, denn die Muskeln sind für den Energieverbrauch im Körper zuständig. Ruhen und schrumpfen sie, speichert der Organismus Energie aus der Nahrung in Form von Fett an Bauch, Beinen und Po. Nichts ist's mehr mit dem Sexappeal unserer Jugendjahre…

INFO: Durch regelmäßige körperliche Aktivität…

- bauen Sie Fett ab, erreichen und halten Ihr **Wunschgewicht,**
- normalisieren Sie Ihren Blutdruck,
- steigern Sie den Wert des gefäßschützenden HDL-Cholesterins im Blut und senken den des krankmachenden LDL-Cholesterins,
- trainieren Sie Ihr Gehirn und Ihre Gedächtnisleistung,
- verlängern Sie Ihre *Lebensdauer,*
- senken Sie Ihr Krankheitsrisiko für Herzinfarkt, Diabetes oder Darmkrebs…

Und nicht nur das: Der Stoffwechsel arbeitet nur noch auf Sparflamme, und das schadet dem Herz-Kreislauf- und dem Immunsystem. Tatsächlich rangiert mangelnde körperliche Bewegung als Ursache für die Entstehung vieler Krankheiten gleich nach dem Rauchen. Und Menschen, die sich im Alltag nur wenig oder gar nicht bewegen, wirken oft älter, als sie wirklich sind.

Nicht zu vergessen ist der Einfluss von zu wenig Bewegung auf das seelische Befinden und die Stimmung: Während körperliche Aktivität den Menschen durch die verstärkte Bildung von Glückshormonen ausgeglichener macht, fehlt dieser Effekt in einem unbewegten Alltag.

BEWEGUNG HEILT

Fitte Menschen haben nicht nur mehr Ausdauer, sondern auch eine etwas dickere Haut gegen negativen Stress. Sie halten mehr aus und lassen sich in Krisenzeiten nicht gleich umwehen. Ohne meinen Mann, der mich immer zum Laufen anstachelte, wäre ich nicht aus meiner Hölle gekommen. Heute treibe ich manchmal ihn aus dem Bett und in die Laufschuhe, wenn er noch liegen bleiben will. Ein trainierter Körper ist wesentlich leistungsfähiger. Der angekurbelte Stoffwechsel hinterlässt weniger schädliche Abfallprodukte im Körper. Denn bei den Stoffwechselprozessen im Körper entstehen Sauerstoffmoleküle, die freien Radikale. Diese erfüllen grundsätzlich und in gesunder Konzentration lebenswichtige Aufgaben. Doch Umweltbelastungen, Ernährungsmängel, Nikotin und Alkohol, körperlicher oder seelischer Stress, aber auch Medikamente und Verletzungen führen zu einer unkontrollierten Produktion dieser Radikale. Übersteigt ihre Konzentration ein gesundes Maß, sprechen wir Ärzte vom »oxidativen Stress«, den wir im Blutbild nachweisen können.

Die schnell und aggressiv wirkenden Sauerstoffmoleküle stören und zerstören wichtige Funktionen und Strukturen im Körper, wie zum Beispiel die Außenschichten der Körperzellen oder sogar das Erbgut (DNS) im Zellkern. Dadurch können Krankheiten entstehen, die Belastbarkeit sinkt, man wird passiv, verliert den inneren Antrieb und ist mutlos. Überzeugt Sie das?

HEILUNG – NICHT NUR FÜR DEN KÖRPER

Die Heilkraft von Bewegung und ihre positive Wirkung auf den Stoffwechsel sind heute durch vielfältige Studien wissenschaftlich nachgewiesen. Darüber hinaus konnte gezeigt werden, dass ein individuell abgestimmtes Training das Immunsystem stabilisiert, die Psyche heilt und die Wahrscheinlichkeit von Rückfällen mindert.

TIPP: Bewegung im Alltag

Sie trainieren Ihre Muskeln durch jede Art **körperlicher Alltagsaktivität**: Treppensteigen, Einkaufen zu Fuß, Rasenmähen, Getränkekisten schleppen, Fenster putzen, Keller fegen oder eben **Sport**. Am einfachsten ist: Laufschuhe anziehen *und los!*

BEWEGUNG HEILT

JETZT-TIPP: *Starten Sie sofort!*

Untrainierte Menschen – auch Senioren – können ihre Muskulatur und Ausdauer im Lauf eines Jahres um bis zu **30 Prozent** verbessern. Unsere *Muskeln* sind so einfach zu beglücken. Wenn wir sie *regelmäßig* benutzen, stützen sie perfekt unsere Sehnen und Bänder. Jede Art von Bewegung macht diesem größten trainierbaren Organ im Körper Freude. Ideal ist **Abwechslung**: mal richtig anstrengen, dann *Kraft* aufbauen, dann langsam und stetig die Ausdauer trainieren. Toller Nebeneffekt: Jedes Kilo zusätzliche Muskelmasse verbrennt im Jahr 2,5 Kilogramm Fett. Kalorienzählen können Sie sich damit schenken.

Falls Sie glauben, dass Sie gerade in einer Krise ein Sportprogramm noch mehr belastet, seien Sie versichert: Das Gegenteil ist der Fall! **Kein Zustand, auch der traurigste oder schockierendste, rechtfertigt Trägheit.** Das können Sie mir glauben, nach dem, was ich durchgemacht habe! Wie alle meine Zutaten zum Glück hilft Ihnen das Laufen, Ihr Leben wieder in die Hand zu nehmen und in die Offensive zu kommen. Jede Bewegung ist Handlung. Schon in dem Moment, in dem Sie sich in Bewegung setzen, kehrt ein Stück der Autonomie zurück, die man in schwierigen Situationen oft schmerzlich vermisst.

Sie können Ihren Lebensplan durchsetzen und so Ihrem Immunsystem die richtigen Signale geben. Um Körper und Geist wieder ins Gleichgewicht zu bringen und fit zu machen, müssen Sie keinen Extremsport betreiben. Schon mit wenig Aufwand erreichen Sie viel. Abwarten macht auf keinen Fall stärker!

BEWEGUNG MACHT GLÜCKLICH

»Du siehst umwerfend aus!« Ich freue mich unheimlich, wenn mein Mann Stefan auch nach 20 Jahren so schwärmt. Das kommt sicher vom Laufen und nicht nur alleine von Dani, meiner Friseurin, die auch der Ansicht ist, dass mir graue Haare nicht so gut stehen wie meinem Mann…

So einfach ist die Formel: Laufen Sie, und es wird Ihnen besser gehen. Beim Sport und bei jeder anderen körperlichen Aktivität verbrennen die Körperzellen Fett und entgiften den Körper. Wer seine Muskeln aufbaut, sorgt für eine straffere Silhouette und eine aufrechte Haltung. Die stärkere Durchblutung verschönert auch das Hautbild. Nicht zuletzt gewinnen Sie ein besseres Körpergefühl. Sportlichkeit tut aber nicht nur einem selbst gut, man wirkt auch positiver und stärker nach außen. Sie werden es lieben!

Laufen Sie, und es wird Ihnen besser gehen.

MIT LAUFEN IN BEWEGUNG KOMMEN

FRISCHE POWER FÜR IHR IMMUNSYSTEM!

Bei jeder Aktivität – vor allem im Freien – tankt unser Körper zehnmal mehr Sauerstoff als in Ruhepausen. Alle Organe erhalten einen Energieschub: Stoffwechsel und Durchblutung werden angeregt. Bei regelmäßigem Training stellt das Immunsystem mehr Abwehrstoffe her, die den Organismus vor Krankheiten schützen. Die sogenannten Fresszellen (Phagozyten) werden mobilisiert und aktiviert. Sie sind die erste Barriere gegen Infektionen. Zusätzlich werden die Immunzellen aktiviert.

TREIBSTOFF FÜR IHR GEHIRN

Sie tun überdies etwas für Ihre grauen Zellen! Denn natürlich wird auch das Gehirn bei Bewegung mit mehr Sauerstoff versorgt. Nach dem Energieschub kann die Hirnanhangdrüse (Hypophyse) vermehrt das adrenokortikotrope Hormon (ACTH) ausschütten, das so genannte Kreativitätshormon. ACTH senkt den Blutdruck, macht wach, verbessert die Konzentration und wirkt positiv auf den Intellekt. Bewegung bremst ferner das altersbedingte Nachlassen der Gehirnfunktionen.

Wer sich täglich bewegt, fördert die Neubildung von Nervenzellen (Neuronen) sowie deren Leistungsfähigkeit. Insbesondere Sportarten, die viel Koordination fordern, etwa Tanzen oder Badminton, und die aerobe dynamische Ausdauer verlangen, wie Nordic Walking oder eben Laufen, verbessern nachweislich die Leistungsfähigkeit des Gehirns. Viele Menschen, die gerne wandern, walken oder Rad fahren, berichten auch, sie hätten beim Sport die besten Ideen.

Sie können sich nicht vorstellen, wie viele frische Ideen zum Beispiel meinem Mann schon früh um fünf Uhr beim Laufen kommen. Das könnte daran liegen, dass die Gehirnregionen, welche die motorischen Abläufe steuern, neben denen liegen, die das bewusste Denken leisten. Körperliche Bewegung ist also die perfekte Zutat des Glücks-Programms. Es befreit das Gehirn von Ballast und sorgt für bessere mentale Leistungen.

HORMONE: MESSBARES GLÜCK

Bei regelmäßigem Ausdauertraining wie Nordic Walking oder Laufen werden nachweislich nach etwa 30 Minuten Glückshormone (Endorphine) ausgeschüttet: Diese potenten körpereigenen Drogen heben nicht nur die Laune; sie wirken tatsächlich depressiven Verstimmungen entgegen!

Auch der Nervenbotenstoff Serotonin, der bei Bewegung an der frischen Luft und in der Sonne gebildet wird, macht heiter. Dabei kann der Körper auch Stresshormone wie Cortisol verstärkt abbauen. So kommt man mit einem schönen Lauf gleich in den Morgenstunden oder nach einem anstrengenden Tag schneller ins Lot. Wenn Sie regelmäßig Sport treiben, stellt Ihr Körper außerdem vermehrt Wachstums- und Sexualhormone her. Durch einen höheren Östrogenspiegel bei Frauen beziehungsweise höhere Testosteronwerte bei Männern wird auch Ihr Liebesleben von der täglichen Bewegung profitieren.

WARUM UNBEDINGT AUSDAUERSPORT?

Ausdauer beim Sport ist die Fähigkeit, eine Bewegungsart lange ohne Ermüdung durchzuhalten. Hat man beim Training genügend Puste und der Körper wird mit ausreichend

INFO: magische fünf Minuten

Eine Studie der University of Essex von 2010 mit 1250 Probanden hat gezeigt, dass schon fünf Minuten Bewegung am Tag eine enorm positive Wirkung auf Körper, Geist und Seele haben. Diese kurze Zeit hilft offenbar, den Kopf frei zu bekommen. Mehr ist zwar viel besser, aber schon der **Nutzen von nur fünf Minuten** ist eindeutig. So fördern schon fünf Minuten Spazierengehen, Gartenarbeit, Radfahren, Treppensteigen … die seelische Gesundheit. Die *Stimmung* steigt, das *Selbstwertgefühl* verbessert sich. Es zeigte sich, dass die Heilwirkung vor allem bei jungen Menschen und Menschen mit seelischen Problemen am größten ist. Interessant: Noch positiver war die Wirkung, wenn *Wasser* in der Nähe war, zum Beispiel ein See oder ein Fluss.

Sauerstoff durch die Atemluft versorgt, trainieren Sie Ihre aerobe Ausdauer. Wird Ihnen die Luft knapp, kommen Sie in den anaeroben Bereich. Trainieren müssen Sie aus medizinischer Sicht immer die Langzeitausdauer mit fast ausschließlich aerober Energiebereitstellung, da so der gesundheitliche Nutzen für das Immunsystem am größten ist.

Die Sportmedizin sagt darüber hinaus, dass jede Bewegung – vor allem solche an der frischen Luft – einen antientzündlichen Effekt hat. Die Körpertemperatur steigt, und der Stoffwechsel kommt auf Trab. Nach körperlicher Belastung laufen Regenerationsprozesse in den Körperzellen an, die den Organismus vor der nächsten Bewegungsphase besser vor diesem »Entzündungsschub« schützen. Die Mediziner nennen das Adaption. Dieses Schutzprogramm überträgt sich mit der Zeit auf alle Prozesse in den Zellen.

MIT LAUFEN IN BEWEGUNG KOMMEN

> ### TIPP: *Laufen nach Noten*
>
> Musik hilft Ihnen wunderbar, beim Laufen im *Rhythmus* zu bleiben. Wenn Sie unterwegs lieber allein sind, laden Sie sich vorher **Musik auf Ihren MP3-Player**, wie ich Queen und Beth Ditto. Das kann Ihre *Ausdauer* um bis zu 20 Prozent steigern!

Sportwissenschaftlern zufolge bringt eine Runde Nordic Walking oder mein Morgenlauf nicht erst nach 30 Minuten etwas, sondern ab der ersten Minute. Ihr Körper liebt Bewegung, denn dazu ist er geboren, egal ob Sie 15 Minuten zügig walken oder rennen oder eine Stunde laufen. Er dankt Ihnen für jede Minute!

RAUS INS GRÜNE

Wer den Kopf freikriegen will von Stress und negativen Gefühlen, wer gesund werden will, der bewegt sich am besten draußen. Studien zeigen, dass uns schon der Anblick der freien Natur hilft, Kräfte zu sammeln und uns zu regenerieren. Beim Spazierengehen, Walken oder Laufen kommen Sie zur Ruhe, atmen aus und durch, kommen bei sich an. Bewegung erlöst, harmonisiert und bringt Sie zurück ins Hier und Jetzt und zu sich selbst. Solange Sie laufen, gibt es keinen Leistungsdruck – außer vielleicht Ihren erwachten Ehrgeiz. Sorgen, Ängste und Kummer treten in den Hintergrund. Sie gewinnen Distanz mit jedem zurückgelegten Meter. Außen wie innen. Denn solange Sie sich bewegen, sind Sie in Aktion und nicht mehr passiv und ohnmächtig.

Sie schärfen auch Ihre Sinne, wenn Sie durch einen Park, über die Felder oder durch den Wald laufen. Sie können nebenbei neue Ideen und Visionen entwickeln. Die Natur gibt Ihnen diesen Zugewinn obendrauf, ohne dass Sie viel dafür tun müssen. So schenkt Ihnen das Laufen nicht nur ein besseres Körpergefühl, sondern auch inneres Wachstum. Und es bringt Sie wieder zu den Wurzeln Ihres biologischen Programms: Bereits nach einiger Zeit regelmäßiger Bewegung können Sie an längere Strecken gehen. Ihre Kraft und Ausdauer wachsen Tag für Tag.

EINFACH *LOSLEGEN!*

Es gibt also stapelweise Gründe, sich in Bewegung zu setzen. Und dagegen spricht: gar nichts! **Deswegen fragen Sie nicht weiter nach dem Warum und Wie, sondern tun Sie's einfach.** Gehen Sie laufen oder suchen Sie sich eine andere Art von Aktivität. Denn damit Sie dabeibleiben, muss es Ihnen Spaß machen. Suchen Sie sich eine Sportart aus, die zu Ihnen und dem zeitlichen Rhythmus Ihres Alltags passt und die Ihnen Freude macht.

Ich selbst habe mich für das Laufen entschieden, weil es praktisch ist, sich super in meinen Alltag integrieren lässt und so schnell funktioniert hat. Außerdem ist es eine absolut natürliche Bewegungsart, die man fast überall ausführen kann. Man braucht nichts weiter als Laufschuhe und einen Weg. Ein entspannter Lauf am Morgen, und der Tag kann getrost beginnen. Sie lernen Schritt für Schritt Ihren Körper zu spüren, sind Belastungen besser gewachsen, lernen Stress abzustreifen und in trüben Zeiten neuen Mut zu fassen.

EINFACH LOSLEGEN!

AUF GEHT'S!

Das Schwierigste am Laufen sind die lächerlichen paar Schritte vom Sofa oder aus dem Bett vor die Haustür. Hilfreich ist es, die Laufschuhe ganz in der Nähe zu haben. Machen Sie's wie ich: Machen Sie sich immer vor dem Laufen klar, warum Sie es tun, welch riesigen Nutzen es Ihnen bringt.

Es ist bei jeder Sportart gleich: Das Wichtigste beim Sporttreiben ist, dass man weiß, was einem dabei wichtig ist und was einem am meisten Spaß bringt. Die Idee stammt aus dem Leistungssport. Mittels Leistungsmotivationstests findet ein Trainer heraus, ob ein Nachwuchstalent tatsächlich das Zeug zum Spitzensportler hat. Dabei werden Faktoren wie Selbstdisziplin und Wettbewerbsverhalten abgefragt. Wichtig fürs Sporttreiben sind ein gewisser Ehrgeiz und Disziplin – beides Werte, die uns im Alltag unschätzbare Dienste erweisen. Den Durchbruch schafft aber jeder Sportler erst, wenn er genau auf seine körperlichen und seelischen Bedürfnisse achtet.

NICHT ZU VIEL DENKEN

Horchen Sie vor dem Sporttreiben nicht groß in sich hinein; das machen Sie besser hinterher, wenn Sie stolz auf sich sind, weil Sie sich aufgerafft haben. Vor allem fragen Sie sich nicht, wie Ihre Laune ist! Das kann nach hinten losgehen. Denn wenn es wie aus Eimern gießt, wenn Sie morgens um fünf aus dem Bett gekrochen sind oder nach einem langen Tag müde und abgespannt nach Hause kommen, dann wird Ihnen das Gefühl raten, sich auf die Couch zu legen oder gleich ins Bett zu gehen. In Wirklichkeit steckt hinter diesem Gefühl der berüchtigte innere Schweinehund. Und dem geben Sie besser gar keine Gelegenheit, sich zu äußern. Am besten ziehen Sie erst mal Ihre Laufschuhe an. Und dann: einfach loslaufen – egal, ob Sie 15 Minuten Zeit haben, 30 oder mehr.

Für den Anfang sind Trainingspläne nicht sinnvoll. Auf den folgenden Seiten habe ich trotzdem einige Anregungen für Sie zusammengestellt. Sie können damit Ihren Lauf verbessern und ausgleichen, was gerade nicht im Gleichgewicht ist. Sie laufen dann auf jeden Fall lieber, lockerer und haben sofort etwas davon, ohne sich unnötig unter Druck zu setzen. Der beste Sensor sind natürlich Sie selbst. Finden Sie Ihren individuellen Rhythmus, in dem Sie sich wohlfühlen. Das heißt, Sie können jeden Morgen laufen, wenn Ihnen danach ist, oder auch jeden zweiten oder dritten Tag. Hauptsache, Sie laufen! Es macht Sie lebendig, und Sie werden feststellen, dass Ihr Alltag viel leichter abläuft.

SO KOMMEN SIE IN DIE LAUFSCHUHE

Es gibt Gruppenläufer und Solisten, Naturliebhaber und Abnehmwillige, Ehrgeizige und Marathonanwärter, Entspannungsuchende und solche, die ihren Tag beim Laufen ordnen. Jeder hat einen anderen Antrieb, dem er folgen kann.

Ich laufe in aller Frühe mit meinem Mann, bevor die Kinder aufwachen. Dabei ist uns einerlei, ob es dunkel ist, die Sonne schon scheint, ob es regnet, schneit oder sonstwas. Wir stehen auf mit einem Kuss, trinken ein Glas Wasser, ziehen unsere Laufschuhe an und laufen los. Dabei stimmen wir uns auf den Tag ein. Und der ist bei uns ja ziemlich vollgepackt mit vier schulpflichtigen Kindern, Praxis und all den Unternehmungen meines Mannes.

Jeder Mensch tickt anders und folgt einem anderen Antrieb. Wenn Sie wissen, was Sie antreibt und von welchen Vorteilen Sie profitieren werden, fällt Ihnen der Beginn leichter. Finden Sie Ihren inneren Antrieb heraus. Wenn Sie das Schwierigste geschafft haben und in den Laufschuhe stecken, werden Sie bald merken, wann und wie lange Sie am liebsten laufen. Wenn es Ihnen etwas bringt, tragen Sie Ihre Läufe in den Kalender ein. Ich tue es nicht, weil es mein Leben verkomplizieren würde. **Ich laufe einfach. Ohne Plan oder System.**

SCHUHE AN DIE FÜSSE, MOTIVATION IN DEN KOPF

Wie ich mich motiviere? Ich schließe vor dem Laufen kurz meine Augen und stelle mir all die Menschen und Situationen in meinem Leben vor, für die ich besonders dankbar bin: Meine Jungs Konstantin und Carlos, meine Töchter Catherine und Charline, meinen Mann Stefan, mein zweites Leben, meine Patientinnen. Ich sehe ihre glücklichen Gesichter, bin dankbar dafür, dass ich leben darf, unendlich dankbar und glücklich.

Suchen Sie sich die schönen Dinge heraus, für die Sie dankbar sein dürfen. Seien Sie dankbar für Ihre Freunde, Kinder, den Partner. Für all die Möglichkeiten, die Ihnen das Leben schenkt. Was ist schön in Ihrem Leben? Jetzt im Moment? Nehmen Sie die Gedanken mit auf den Lauf. Wenn Sie sich schwer damit tun, stellen Sie sich die Dinge so vor, wie Sie sie gerne hätten. Tun Sie so, als wären sie schon Wirklichkeit. Das machen Sie immer und immer wieder, bis sie wahr werden!

Mit jeder Trainingseinheit tun Sie etwas für sich und integrieren Ihr Programm fester in den Alltag. Nach etwa einem Jahr, das haben Untersuchungen gezeigt, hat Ihr Gehirn gelernt, dass Sport genauso zu Ihrem Tagesablauf gehört wie das morgendliche Zähneputzen. **Und dann werden auch die Träume wahr.**

LAUFENDE *TYPEN*

Der spielerische Läufer: Immer dieselbe Runde drehen ist Ihre Sache nicht? Lassen Sie sich inspirieren von den Experten in Sachen Spiel und Spaß: Kinder, die sich gerne draußen bewegen, sollten Ihr Vorbild sein. Sie springen, laufen mal langsam, mal schnell, sie klettern und balancieren und sind mit viel Freude bei der Sache. Bei ihnen hat Laufen nichts mit Überwindung oder Selbstdisziplin zu tun. Gönnen Sie sich deshalb bei Ihrem Lauf so viel Abwechslung wie möglich. Laufen Sie mal diesen Weg, mal jenen, mal rechts herum, mal links, bauen Sie Tempowechsel ein, spurten Sie eine Böschung am Wegrand hoch und laufen Sie langsam wieder herunter, hüpfen Sie mit beiden Beinen vorwärts oder rückwärts, rasen Sie ein paar Meter, so schnell es nur geht, und traben Sie dann ganz langsam. Toll als zusätzliche Koordinationsübung: Laufen Sie zwischendurch in langsamem Tempo dreißig Schritte rück- oder seitwärts.

Der lernende Läufer: Sie möchten durch das Laufen vor allem den Kopf freibekommen und sind ein wissbegieriger Mensch? Dann laden Sie sich statt Musik einen Sprachkurs auf den Player. Ist der Körper in Bewegung, funktioniert das Gehirn besonders gut. Angeregt wird gerade die Region, die für Gedächtnisleistungen zuständig ist. Denn jetzt werden die grauen Zellen mit einer Extra-Portion Sauerstoff versorgt. So kommen Sie beim Laufen auf andere Gedanken und werden gleichzeitig noch schlauer. Mir persönlich wäre das zu viel des Guten, muss ich gestehen…

Der Zen-Läufer: Sie haben sich vielleicht schon mit Meditation oder einer anderen Entspannungstechnik beschäftigt, hatten aber zu wenig Zeit, um Sport und Entspannung unter einen Hut zu bringen. Dann nutzen Sie Ihren Lauf für eine meditative Pause und lockern Sie damit körperliche und seelische Verspannungen. Wichtig sind für Sie ein langsames und entspanntes Tempo und ein tiefer, bewusster Atem (siehe auch ab Seite 128). Atmen Sie tief durch die Nase ein, halten den Atem kurz an und atmen dann etwas länger aus. Bleiben Sie immer in diesem Rhythmus. Die Konzentration auf den Atem schenkt Ihnen Ruhe und bringt Sie in Ihre Mitte. Stellen Sie sich vor, dass die Luft, die Sie einatmen, hell und strahlend ist. Die Luft Ihres Ausatmens hingegen ist dunkel und schmutzig – also raus damit. Konzentrieren Sie sich auf jeden Schritt, den Sie tun, spüren Sie den Boden unter Ihren Füßen und lassen Sie alles los, was Sie beschwert. Der Idealzustand bei jeder Zen-Meditation ist die innere Leere im Hier und Jetzt. Ich liebe das.

Der Sprinter: Früher hieß es, wer einen gesundheitlichen Effekt mit Laufen anstrebt, muss sich mindestens eine halbe Stunde bewegen. Heute wissen wir, dass wenige Minuten Auspowern schon wirkt. Kanadische Wissenschaftler verordneten Versuchsteilnehmern zwei Wochen lang täglich vier- bis siebenmal hintereinander Sprints. Keiner sollte länger als 30 Sekunden dauern. Nach zwei Wochen hatten die Kurzzeitsportler ihre Ausdauerleistung verdoppelt und konnten mühelos eine knappe Stunde langsames Laufen durchhalten. Wer ganz wenig Zeit hat und viel für sich tun möchte, ist deshalb mit einem Sprinttraining perfekt beraten.

BESTENS *AUSGERÜSTET*

Zum Laufen brauchen Sie sehr wenig Ausrüstung. Ihre Kleidung sollte es Ihnen ermöglichen, bei jedem Wetter zu laufen. Staffieren Sie sich mit der Zeit mit funktionaler Laufbekleidung aus.

LAUFKLEIDUNG
- Shorts mit Innenhose oder eng anliegende Tights für verschiedene Temperaturen. Die Hosen sollten an den Oberschenkeln anliegen, damit der Stoff nicht an der Haut reibt.
- Ein gut sitzender Sport-BH.
- Schmale Oberteile mit Trägern, halbem oder ganzem Arm, die eng anliegen sollten. So reiben die Hautflächen nicht aneinander.
- Sportsocken.
- Eine Regenjacke mit Kapuze, auch gegen den Wind.
- Für kaltes Wetter eine Mütze oder ein Stirnband sowie dünne Woll- oder Synthetikhandschuhe.

Spüren Sie den Boden unter den Sohlen und lassen Sie alles los, was Sie beschwert.

LAUFSCHUHE

Am wichtigsten sind Laufschuhe mit einer guten orthopädischen Passform. Die teuersten Modelle sind nicht immer die besten! Laufschuhberatung ist eine Wissenschaft für sich. In Fachgeschäften können Sie heute auf einem Laufband vor einer Kamera laufen. Aus der Analyse in Zeitlupe sieht man, welchen Schuh Sie brauchen.

Sportmediziner der Universität Tübingen haben eine dreidimensionale Bewegungsanalyse entwickelt, die für bestimmte Laufbeschwerden typische Bewegungsmuster anzeigt. Kniebeschwerden, Achillessehnenverletzungen und Schmerzen, die bis in den Nacken ziehen können, kann damit vorgebeugt werden. Die Forschungsergebnisse sind in das System »Achillex« eingeflossen: Sensoren in einer Fußmanschette registrieren exakt den Bewegungsablauf und messen die Stoßbelastung. Die Daten werden per Funk an einen Computer in der Weste des Läufers geschickt. Auf dem Display erscheint dann die Laufschuhempfehlung. So wird Joggen noch gesünder.

Aber machen Sie sich bloß nicht mit Ausrüstungsfragen verrückt, fangen Sie erst mal einfach an zu laufen. **Machen Sie's ja nicht unnötig kompliziert. Um Details können Sie sich später kümmern, wenn Sie den Einstieg geschafft haben.**

DIE *KORREKTE* BELASTUNG

Legen Sie los, aber übertreiben Sie es nicht. Ganz locker traben. Lassen Sie sich durch die Programme anleiten, die auf Ihre aktuelle körperliche und mentale Bedürfnislage zugeschnitten sind oder später von einem Nordic-Walking-Programm (siehe ab Seite 123). Wer sich ohne Fitness-Grundlage verausgabt, stresst sein Immunsystem, und auch die Fettverbrennung ist dann nicht optimal. Frust ist dann programmiert. Um das Beste für den Körper zu erzielen, ist nur ein Minimum an Belastung erforderlich.

INFO: Nicht an den Schuhen sparen

Sie müssen sich nicht jedes Jahr einen neuen Laufschuh kaufen. Sie laufen ein paar hundert Mal, bis der Schuh irgendwann seine **Dämpfungs- und Stützeigenschaften** verliert. Irgendwann allerdings lässt sich der Schuhkauf nicht mehr aufschieben, da das Material altert. Je weniger der Schuh stützt, desto mehr Belastung geht auf die *Gelenke.* Gehen Sie ins Fachgeschäft und nehmen Sie Ihren alten, abgelaufenen Schuh am besten zum Einkauf mit. An der *Abnutzung* kann sich der geschulte Verkäufer orientieren.

DIE KORREKTE BELASTUNG

TRAINING MIT PULSUHR

Überanstrengung spüren Sie, wenn zu viel vom Salz der Milchsäure (Laktat), das Ihre Muskeln produzieren, ins Blut gelangt. Ist der Laktat-Grenzwert von 20 Millimol ständig überschritten, fühlen Sie sich eher schlapp statt fit. Deshalb ist es wichtig für eine gute Ausdauer, bei 60 bis 70 Prozent der maximalen Herzfrequenz zu trainieren. Das können Sie mit einem Pulsmesser einfach kontrollieren. Die Pulsuhr hilft Ihnen, Ihr richtiges Tempo zu finden. Über Ihre Herzfrequenz können Sie Ihre Trainingsintensität kontrollieren und bestimmen. Das ist besonders wichtig, wenn Sie nicht ganz fit sind oder in der Vergangenheit gesundheitliche Probleme hatten.

Wenn Ihnen das Training in Fleisch und Blut übergegangen ist, wenn Sie ein Tempo laufen, das Ihnen guttut, und wenn Sie gesund sind, können Sie ohne Pulsuhr trainieren. Ihr Trainingspuls bei Dauerbelastung sollte dem Wert von 180 minus Lebensjahre entsprechen. Für eine 45-jährige Einsteigerin heißt das: 180 minus 45 = 135. Noch einfacher: So lange Sie beim Betreiben Ihrer Sportart noch 15 Worte hintereinander sauber und zusammenhängend aussprechen können, ohne zu keuchen, sind Sie im aeroben Bereich unterwegs.

Wenn Sie ganz sicher gehen möchten, ob Sie im richtigen Bereich trainieren, können Sie nach acht Wochen Ausdauertraining Ihren Arzt einen Laktat-Test durchführen lassen.

VÖLLIG OHNE STRESS

Wenn Sie gesund sind, können Sie sich auch mal auspowern und müssen es nicht immer nur langsam angehen lassen.

Wenn Sie nach einer Krankheit wieder loslegen möchten, ist zunächst sportliches Walking empfehlenswert, um Herz und Kreislauf wieder auf Bewegung einzustimmen. Machen Sie dann noch keine allzu großen Laufprogramme. Laufen Sie einfach so lange und weit, wie es Ihnen subjektiv guttut. Immer schön langsam, Hauptsache Sie tun's.

Wenn Sie mehr als zehn Kilo Übergewicht haben, einen Herzinfarkt oder Schlaganfall hatten oder an einer chronischen Krankheit leiden, sprechen Sie vorher mit dem Arzt Ihres Vertrauens. Er klärt die Risiken ab und kann ein Belastungs-EKG machen, um zu sehen, wie leistungsfähig ihr Herz ist. Bei orthopädischen Problemen ist vor Aufnahme des Trainings ein Besuch beim Sportorthopäden ratsam. Er kann Ihnen eine Aufbaugymnastik für den Bewegungsapparat empfehlen oder auch Einlagen für Ihre Laufschuhe verschreiben.

> **INFO: *flüssig bleiben***
>
> Trinken Sie vor dem Spazierengehen, Walken oder Laufen genug. Ideal sind **0,5 Liter Wasser**. Trinken Sie es schluckweise, sonst stressen Sie unnötig Ihr Herz. Wenn Sie weniger als 30 Minuten unterwegs sind, können Sie auch nach dem Laufen trinken. Wenn Sie viel schwitzen, ist Apfelschorle ein guter *Fitmacher*. Falls Sie zu Muskelkrämpfen neigen, nehmen Sie stattdessen ein großes Glas Wasser mit einer Magnesiumtablette.

VOR DEM LAUFEN *IN SCHWUNG* KOMMEN

Dehnübungen senken die Grundspannung der Muskeln und sorgen für mehr Beweglichkeit. Bevor Sie sich auf den Weg machen, können Sie sich in Schwung bringen und mobilisieren. Versuchen Sie es mit den folgenden Übungen. Federn Sie jeweils in den Endpositionen und wiederholen Sie jede Übung ein- bis dreimal. Diese Übungen sind auch ein hervorragender Pausenfüller, wenn Sie zu lange am Schreibtisch oder im Auto gesessen haben oder verspannt sind. **Wenn Ihnen Dehnübungen zu viel sind, dann laufen Sie ohne los.** Der springende Punkt ist: Tun Sie's einfach. Ich selbst mache keine, sondern laufe einfach drauflos ...

DEHNÜBUNGEN ZUR KÖRPERMOBILISATION

1. Stellen Sie sich aufrecht hin, die Füße hüftbreit auseinander. Senken Sie nun den Kopf, Ihr Kinn sinkt aufs Brustbein, der Kopf wird immer schwerer und sinkt weiter nach vorne, der Rumpf geht mit. Beugen Sie gleichzeitig Ihre Beine bis etwa zum rechten Winkel, lassen Sie den Kopf locker nach unten baumeln und legen Sie Ihren Oberkörper auf den Oberschenkeln ab. Die Hände berühren dabei den Boden.

2. Nun strecken Sie langsam Ihre Beine wieder durch und richten gleichzeitig Ihren Oberkörper Wirbel für Wirbel vom Becken ausgehend auf, bis Sie wieder aufrecht stehen. Der Blick ist geradeaus gerichtet. Sie spüren eine stärkere Körperspannung in Bauch, Beinen und Po.

3. Heben Sie die Arme seitlich gestreckt nach oben, strecken Sie sie bis in die Fingerspitzen und stellen Sie sich langsam auf die Zehenspitzen. Verschränken Sie die Finger, schieben Sie die Hände so weit nach oben wie möglich (Bild 1).
4. Ziehen Sie nun den Bauchnabel ein und atmen Sie weiter in Ihrem Rhythmus. Zugleich spannen Sie den Beckenboden und die Gesäßmuskeln an.
5. Die Arme sind weiter hochgestreckt. Jetzt senken Sie den Rumpf leicht nach rechts. Schieben Sie dabei linke Schulter und rechte Hüfte etwas vor, damit der Rumpf nicht nach vorne einknickt und die Haltung aufrecht bleibt (Bild 2). Halten Sie die Position drei Atemzüge lang und gehen Sie in die Ausgangsstellung. Wiederholen Sie die Übung zur anderen Seite.
6. Lassen Sie die Arme seitlich sinken, machen Sie rechts einen weiten Ausfallschritt. Der Oberkörper ist aufgerichtet. Die Hände können Sie auf den Oberschenkel stützen. Das Knie des hinteren Beins berührt den Boden (Bild 3). Halten Sie die Position drei Atemzüge lang. Gehen Sie in die aufrechte Ausgangsstellung und wiederholen Sie die Übung zur anderen Seite.
7. Stehen Sie aufrecht und stellen Sie das rechte Bein etwa 50 Zentimeter gestreckt nach vorne. Ziehen Sie die Zehenspitzen des gestreckten Beins an. Das hintere Bein ist leicht gebeugt, der Rücken gerade. Stützen Sie die Hände leicht auf das gestreckte Bein, bis Sie eine Dehnung spüren (Bild 4). Halten Sie die Position drei Atemzüge lang und gehen Sie zurück in die Ausgangsstellung. Wiederholen Sie die Übung zur anderen Seite.

INFO: bei Frost schön langsam

Bei Frost **unter minus zehn Grad** sollten Sie aufs Laufen verzichten – so wie ich selbst auch –, da die Muskeln und Bänder dann weniger gut durchblutet sind und das *Verletzungsrisiko* steigt. Auch belastet die eiskalte Luft die Bronchien. Gehen Sie im Winter besser nur spazieren. Bei **dichtem Nebel** sollten Sie in der Stadt auch nicht laufen, denn mit den Wassertröpfchen können Sie jede Menge *Schadstoffe* einatmen. In diesen Fällen kann ein **Laufband im Fitnessstudio** vorübergehend gute Dienste leisten.

MINIMALPROGRAMM FÜR EINSTEIGER: SPAZIEREN, WALKEN, LAUFEN

Mit diesem kleinen Aufbauprogramm kommen Sie garantiert in die Laufschuhe. Lassen Sie es ruhig angehen, aber bleiben Sie dran. Ihr Körper und Ihre Seele lieben regelmäßige Bewegung.

1. Gehen Sie zweimal 20 Minuten pro Woche zügig spazieren. In den ersten fünf Minuten gehen Sie in normalem Tempo. Zwischen den Spaziergängen sollte mindestens ein trainingsfreier Tag liegen.
2. Nach spätestens vier Wochen sollte das zügige Spazierengehen langsam in schwungvolles Walking übergehen, und das Tempo so hoch sein, dass Atmung und Pulsschlag zunehmen und Sie leicht ins Schwitzen kommen. Der Puls sollte im vorgesehenen Bereich sein (siehe Seite 119). Sollten Sie diesen nicht erreichen, erhöhen Sie das Tempo etwas. Am besten schaffen Sie das mit einer Walking-Technik mit dynamischem Armeinsatz (siehe rechts). Dabei werden der normale Armpendelschwung beim Gehen mit gebeugten Armen verstärkt und die Hände maximal bis auf Schulterhöhe hochgeführt.
3. Nach sieben Wochen können Sie eine dritte Trainingseinheit von 20 bis 30 Minuten pro Woche einbauen.
4. Laufen Sie irgendwann täglich 30 Minuten. Das ist das große Ziel und der Zauberschlüssel zum Glück.

FÜR FORTGESCHRITTENE EINSTEIGER: NORDIC WALKING

Wenn Sie Lust darauf haben, probieren Sie Nordic Walking. Wenn Sie sich etwas fitter fühlen, können Sie auch gleich damit beginnen. Der Bewegungsablauf ähnelt dem des Skilanglaufs. Mit dieser Sportart trainieren Langläufer schon seit Generationen im Sommer ihre Ausdauer.

Die speziellen Walking-Stöcke entlasten Ihre Fuß-, Knie- und Hüftgelenke und trainieren beim Gehen auch die Oberkörper- und Rückenmuskulatur, die beim Joggen vernachlässigt wird. Walking aktiviert auf diese Weise sagenhafte 80 Prozent der gesamten Skelettmuskulatur! Das bringt trotz des relativ geringen Tempos und der moderaten Anstrengung einen guten Trainingseffekt.

Der Bewegungsablauf des klassischen Nordic Walking schult nicht nur die Ausdauer, sondern durch den gezielten Stockeinsatz im festgelegten Rhythmus auch die Koordination.

WALKING – SO WIRD'S GEMACHT

1. Die rechte Stockspitze berührt genau dann den Boden, wenn die linke Ferse aufsetzt, der linke Stockeinsatz erfolgt, wenn die rechte Ferse aufsetzt. Die Stöcke werden nah am Körper geführt. Dabei sind die Schultern locker und entspannt.
2. Der Stockeinsatz erfolgt schräg nach außen hinten; der linke Stock in Höhe der abrollenden linken Schuhspitze und der rechte Stock entsprechend in Höhe der rechten Schuhspitze.

3. Machen Sie nicht zu lange Schritte und setzen Sie die Stöcke nicht zu weit vor den Füßen auf. Arbeiten Sie mit den Armen nach hinten und bringen Sie Ihre Hände hinter die Hüfte.
4. Öffnen Sie die Hände beim Schwung nach hinten und greifen Sie den Stockgriff wieder bei der Bewegung nach vorn. So werden zugleich die Rücken-, Hand- und Oberarmmuskulatur gestärkt. Setzen Sie die Fersen flächig auf und drücken Sie die Knie nicht ganz durch, um Ihre Gelenke zu schonen.

IHR TRAININGSPROGRAMM WOCHE FÜR WOCHE

1. Zweimal die Woche 20 Minuten im niedrigen Pulsbereich walken.
2. Nach sechs Wochen dreimal die Woche 20 Minuten im niedrigen Bereich.
3. Nach neun Wochen dreimal die Woche 25 Minuten im niedrigen Bereich.
4. Nach 20 Wochen täglich 30 Minuten walken.

Mich persönlich interessieren Belastungssteigerungen nicht die Bohne. Ich laufe, weit und wie es mir gut tut. Punkt. Ende. Ganz einfach.

KÖNIGSDISZIPLIN LAUFEN

Mit Laufen, der klassischen Ausdauersportart schlechthin, verbessern Sie Ihre Kondition, unterstützen Ihr Immunsystem und wappnen sich gegen Belastungen aller Art. Regelmäßiges Laufen stärkt das Herz, verbessert die Atmung und erhöht den Grundumsatz, also Ihren Energieverbrauch in Ruhe. Das heißt: Wer regelmäßig läuft, muss sich nicht um jede Kalorie zu viel auf dem Teller sorgen.

Die einzigen Voraussetzungen oder Vorsichtsregeln: Sie sollten keine Gelenkbeschwerden haben und nicht damit anfangen, wenn Ihr Körpergewicht über 100 Kilogramm liegt! Dann lieber zuerst mindestens zwölf Wochen lang walken. Ideal ist das Laufen als Abwechslung zum Walken oder Radfahren, wenn Sie schon etwas abgenommen haben.

Laufen können Sie in einer Gruppe, mit einem Lauf- oder Ihrem Lebenspartner, mit Kindern oder allein. Wer in einer Gruppe laufen will, findet leicht Anschluss in Sportvereinen oder kann sich im Internet unter dem Suchbegriff »Lauftreff« verabreden. Der Vorteil: Gerade am Anfang helfen solche Verabredungen ungemein, die Lauftermine einzuhalten!

Laufen Sie lieber oft und kurz statt selten und lang. Wichtig ist der korrekte Bewegungsablauf. Die richtige Technik schont den Bewegungsapparat vor Über- und Fehlbelastungen.

SO LAUFEN SIE RICHTIG

Natürlich kann im Grunde jeder laufen. Doch selbst bei diesem natürlichsten Bewegungsablauf der Welt kann man viel falsch machen. Wichtig sind die Körperhaltung, die richtige

KÖNIGSDISZIPLIN LAUFEN

Schon in dem Moment, in dem Sie sich in Bewegung setzen, kehrt ein Stück der Autonomie zurück, die man in schwierigen Situationen oft schmerzlich vermisst.

MIT LAUFEN IN BEWEGUNG KOMMEN

Arm- und Beinbewegung sowie eine gute Abrollbewegung der Füße. Sie sollten möglichst gut koordiniert laufen.

1. Die Schrittlänge sollte nicht zu weit sein. Zu weit nach vorn ausgreifende Schritte bremsen. Betonen Sie die schiebende Beinbewegung hinter Ihrem Körperschwerpunkt.
2. Vermeiden Sie überflüssige Bewegungen wie Rudern mit den Armen, Wackeln mit dem Kopf oder Drehen des Oberkörpers. Halten Sie Kopf und Oberkörper locker aufrecht, aber je nach Tempo etwas nach vorne geneigt. Der Blick geht geradeaus.
3. Entspannen Sie die Schultern und lassen Sie die Arme parallel zum Körper locker mitschwingen. Die Ellenbogen sind dabei etwa im rechten Winkel gebeugt, die Hände leicht geöffnet. So bleiben Sie locker.
4. Sie werden sehen: Je geradliniger und sparsamer Sie Ihre Laufbewegungen ausführen, desto weiter werden Ihre Füße tragen.

20-MINUTEN-PROGRAMM FÜR AMBITIONIERTE EINSTEIGER

Laufen Sie für den Anfang zwei- bis dreimal die Woche. Nach Abschluss des Trainingsprogramms lassen Sie das Laufen nach Belieben zur täglichen Routine werden.

1. Laufen Sie in der ersten und zweiten Woche nach dem Warmmachen jeweils 3 Minuten und walken Sie anschließend 17 Minuten.
2. Ab der dritten Woche laufen Sie einmal vier Minuten und walken anschließend 16 Minuten. Bei der zweiten Trainingseinheit laufen Sie fünf Minuten, die Sie mit 15 Minuten Walking abschließen.
3. In der vierten Woche laufen Sie zuerst fünf Minuten und walken dann 15 Minuten; beim zweiten Trainingstermin laufen Sie sechs Minuten und schließen mit 14 Minuten Walking ab.
4. In der fünften, sechsten und siebten Woche laufen Sie in der ersten Trainingseinheit sechs Minuten und walken danach 14 Minuten, in der zweiten Trainingseinheit laufen Sie sieben Minuten und walken dann 13 Minuten.
5. In der achten und neunten Woche steigern Sie sich auf sieben Minuten Laufen in der ersten und acht Minuten Laufen in der zweiten Einheit.
6. In der zehnten und elften Woche laufen Sie beim ersten Mal neun Minuten und in der zweiten Einheit zehn Minuten. Walken Sie anschließend elf beziehungsweise zehn Minuten.
7. In der zwölften und dreizehnten Woche laufen Sie zuerst elf Minuten und walken neun Minuten, dann zwölf Minuten mit acht Minuten Walking zum Abschluss.
8. Fahren Sie so fort, bis Sie 20 Minuten am Stück laufen. Wenn Sie sich wohlfühlen, können Sie auf diese Weise die Lauflänge bis auf 30 Minuten steigern. Ziehen Sie das Tempo nicht an! Achten Sie immer auf Ihren Puls! Kommen Sie bloß nicht völlig ausgepumpt zurück.
9. Zum Abschluss können Sie ein leichtes Stretching durchführen. Im Winter sollten Sie unbedingt in der warmen Wohnung stretchen, denn draußen kühlen Sie mit der (hoffentlich) durchgeschwitzten Kleidung schnell aus.

SO WERDEN SIE *LEISTUNGSFÄHIGER*

Für die Belastungssteigerung beim Training gibt es keine Pauschalempfehlungen. Jeder Mensch ist anders und baut individuell unterschiedlich Ausdauer und Muskeln auf. Aber wer sich regelmäßig bewegt, kann nach den ersten Trainingserfolgen mehr von sich verlangen, um sich neue Reize zu setzen. Verlassen Sie sich auf Ihr Körpergefühl.

Optimal ist Ihre Belastung, wenn Sie am nächsten Tag am liebsten an dem Punkt weitermachen wollen, an dem Sie aufgehört haben. Wenn im Training nichts vorangeht und Ihre Gelenke und Muskeln danach immer wieder schmerzen, sollten Sie einen Gang herunterschalten. Unter uns: Mich persönlich interessieren Belastungssteigerungen nicht die Bohne. Ich laufe, weil und wie es mir gut tut. Punkt. Ende. Ganz einfach.

SO BLEIBEN SIE DRAN!

- Nach dem ersten Training hat Ihr Körper erst einmal keine Lust mehr. Vielleicht haben Sie einen leichten Muskelkater. Das ist ganz normal. Muskeln, die Sie bisher kaum belastet haben, wachen jetzt aus dem Dornröschenschlaf auf. Freuen Sie sich darüber.
- Der beste Vorsatz fürs Weiterzumachen ist: »Ich werde mich mit der Zeit immer besser fühlen, und meine Träume werden wahr.« Nehmen Sie mich zum Vorbild!
- Machen Sie möglichst keine Trainingspausen! Nach einer Zwangspause wegen einer Krankheit beginnen Sie im Schongang wieder und steigern Ihre Leistung nach und nach. Trainieren Sie auch im Urlaub.

- Keine Lust? Keine Ausrede hält Sie vom Training ab. Das beste Gegenmittel gegen Stimmungstiefs ist Bewegung. Oder leiden Sie unter einem Trainingskater, obwohl Sie sechs Wochen super durchgehalten haben? Das ist völlig in Ordnung, und Sie haben alles richtig gemacht. Zu diesem Zeitpunkt flacht die Leistungskurve meistens ab. Machen Sie einfach weiter! Wenn Sie das Tief überwunden haben, geht es wieder leichter. Versprochen!

Richtig atmen

Ohne Essen können wir wochenlang durchhalten, ohne Wasser nur wenige Tage. Aber ohne Luft überleben wir höchstens ein paar Minuten. Ohne Sauerstoff geht gar nichts: Einatmen. Und wieder ausatmen. Kann jeder, macht jeder, unentwegt. Aber kaum einer macht es richtig.

Falsche Atmung führt zu Ermüdung, verursacht Verspannungen, Rücken- und Nackenprobleme, Magenverstimmungen, Kreislaufbeschwerden. Sie führt sogar zu Panikattacken und Sinnestäuschungen, sie macht Angst und verunsichert. Ich bin überzeugt: Es gibt nichts Besseres, um jede Sekunde des Tages etwas Gutes für sich zu tun, als richtig und bewusst und tief ein- und auszuatmen.

DAS ATEMMUSTER

Unser Atemmuster spiegelt untrüglich unsere Befindlichkeit. Es zeigt, wie wir uns fühlen und wie wir uns halten. Wer seinen natürlichen Atemrhythmus verloren hat und immer zu flach oder falsch atmet, wird leicht krank.
Am Atmen sind abgesehen vom Zwerchfell 70 Muskeln im Körper beteiligt. Läuft alles in seinem gesunden Rhythmus, sind Blutkreis-

lauf, Stoffwechsel und Gehirn gut mit Sauerstoff versorgt, und der Puls verlangsamt sich. Man wird ruhiger, die Gehirnleistung steigert sich, Stress und negative Gefühle werfen einen nicht gleich um. Man ist in der Lage, überlegte Entscheidungen zu treffen. Der große Naturforscher Paracelsus notierte dazu vor gut 500 Jahren: »Das Kraut des Internisten und das Messer des Chirurgen heilen von außen, doch der Atem heilt von innen.«

WIE ATMEN SIE?

Machen Sie bitte die folgende kleine Übung, um in sich hineinzufühlen und zu spüren, was in Ihnen, was in Ihrem Atem steckt.

1. Setzen Sie sich aufrecht und entspannt auf einen Hocker, mit dem Po vorn am Rand der Sitzfläche, sodass die Oberschenkel nicht aufliegen. Ihre Füße stehen flach auf dem Boden.
2. Schließen Sie die Augen. Konzentrieren Sie sich jetzt auf das Becken, auf dem jetzt Ihr ganzes Gewicht ruht. Die Schultern halten Sie locker, Ihre Hände ruhen flach auf den Oberschenkeln.
3. Dann legen Sie eine Hand auf den Bauch, etwas unterhalb des Nabels.
4. Atmen Sie tief durch die Nase ein. Halten Sie die Luft einen Moment an und atmen sie dann durch den leicht geöffneten Mund aus, was etwas länger dauern sollte als das Einatmen. Tun Sie's wieder und wieder. So geht es, das richtige Atmen.

DER ATEM – LEBENSKRAFT IN REINFORM

Das richtige Atmen gehört unbedingt zu meinem Glücksrezept für Sie. Das Atmen ist eine weithin vernachlässigte Thematik, die man meist gar nicht bewusst wahrnimmt und für die selbstverständlichste Sache der Welt gehalten hat. Bislang.

RICHTIG ATMEN IST *HEILSAM*

Unsere Vorfahren kannten für den Atem noch den Begriff Odem, den Lebenshauch. In den Religionen und Heilslehren aus China, Japan, Tibet und Indien ist Qi oder Prana, die universelle Lebensenergie, die mit dem Atem aufgenommen wird, fest in den kulturellen

---

TIPP: *Das richtige Atmen fördern*

Eine **aufrechte Körperhaltung** und gut **passende Kleidung** erleichtern neben regelmäßiger *Bewegung* das Atmen ungemein. Wer möchte, kann es auch mit *Singen* probieren. Denn wer singt, gilt nicht nur als froher Zeitgenosse, er atmet auch automatisch tiefer und langsamer ein und länger aus. Wer regelmäßig singt, ist meist gesünder und ausgeglichener.

RICHTIG ATMEN

> ## INFO: Atem – die universelle Hilfe
>
> Da richtiges Atmen **universell heilsam** wirkt, ergibt sich ein **breites Anwendungsgebiet:** Erschöpfung, Depressionen und stressbedingte Beschwerden gehören dazu, Rückenschmerzen, Schlafstörungen und nervöse Beschwerden, Haltungsstörungen, Herz-Kreislauf-Probleme und natürlich Erkrankungen der Atemwege.
> Ideal ist die *Atemarbeit* auch, wenn man eine *Erdung* braucht oder wieder Boden unter die Füße bekommen will. **Bei mir hat's prima funktioniert.**

Kontext aus Philosophie, Weltanschauung und Heilkunde eingebettet. Ist die berühmte asiatische Gelassenheit ein Resultat des richtigen Atmens? Das ist durchaus denkbar. Schließlich gilt der Atem dort als Pfad zu Gesundheit und Heilung, als Tor zur Innenwelt und Weg zu sich selbst. Denn das richtige Atmen wirkt wie eine Tiefenentspannung. Es hilft uns, einen klaren Kopf zu bewahren und verbindet uns mit den tiefsten Kraftquellen.

Atmen ist ein rhythmisches Geschehen. Es besteht aus Einatmen und Ausatmen und wird gefolgt von einer Pause. Wenn unser Atem frei und natürlich fließt, strömt er von allein in die Lungen ein und wieder hinaus. Wir müssen uns die Luft nicht holen; der Atem kommt und geht von selbst. Nur wenn der Atemfluss gestört, gestaut, verkrampft ist, haben wir Atemprobleme, und der gesunde Rhythmus funktioniert nicht mehr. Dann beginnen wir aktiv Luft zu holen und ringen um Atem.

WIE ATMET MAN FALSCH?

Die meisten von uns atmen mit dem Mund ein, ziehen dabei die Schultern hoch und drücken im Gegenzug beim Ausatmen den Bauch heraus. Wir konnten es einmal: Als Babys atmeten wir alle richtig, hatten noch den Rhythmus, der beim Einatmen die Luft durch die Nase in die Brust und von dort ins Zwerchfell und weiter in die Flanken strömen lässt. Beim Ausatmen entweicht die verbrauchte Luft vollständig. Der Bauch befindet sich dabei laufend in einer Wellenbewegung. Beim Einatmen tritt er etwas vor, beim Ausatmen wird er flach.

Ein Baby atmet eben noch nicht mit »Brust raus, Bauch rein«. Es reagiert auch noch nicht auf abartige Erziehungsvorschläge wie: »Jetzt halt aber mal die Luft an!« Es trägt in aller Regel keine zu enge Kleidung, hat noch keinen Stress und zeigt keine Fehlhaltungen beim Stehen und Sitzen. All das stellt sich alles erst mit der Zeit ein.

Denn das richtige Atmen verbindet uns mit den tiefsten Kraftquellen.

ATMEN *LERNEN* IN DER SCHULE

Für richtiges Atmen gibt es heute zahlreiche Schulen und Techniken. Beliebt sind asiatische Atemübungen wie Qi Gong. Dabei wie beim chinesischen Schattenboxen Tai-Chi Chuan und beim Yoga reguliert sich der Atem nach einigen Übungseinheiten wie von selbst. Wenn Sie wie ich das richtige Atmen erlernen möchten, sind Sie bei Atemtherapeuten sowie den Lehrern in der fernöstlichen Disziplinen gut aufgehoben. Oder Sie machen die Atemübungen, die ich im Anschluss vorstelle. Sie kosten jeden Tag nur wenige Minuten. Und sie funktionieren! Um Sie zu motivieren, möchte ich Theodor Fontane bemühen: »Es ist und bleibt ein Glück, vielleicht das Höchste, frei atmen zu können.«

ATEMÜBUNGEN FÜR JEDEN TAG

Mit den nachfolgend beschriebenen Atem- und Meditationsübungen können Sie erfrischt und entspannt den Tag einläuten, bevor Sie den Computer hochfahren oder das erste Telefongespräch führen.

Sie sind auch ideal als kleiner Energiekick zwischendurch geeignet, wenn Sie tagsüber müde werden und sich nicht zu einem Schläfchen hinlegen können.

An den ersten Tagen machen Sie jede Übung nur mit fünf bis zehn Atemzügen. Das genügt fürs erste. Danach kann die Übung 20 Atemzüge dauern. Atmen Sie immer durch die Nase ein und durch den Mund aus. Nach den Übungen sollten Sie noch ein paar Minuten liegen bleiben.

RICHTIG ATMEN

1

TIEFE BRUSTATMUNG

1. Legen Sie sich entspannt auf eine bequeme Unterlage.
2. Legen Sie die Hände mit leicht gespreizten Fingern auf die jeweilige Brustkorbseite. Der kleine Finger liegt unten auf dem Rippenbogen (Bild 1). Atmen Sie nun dreimal in Ihrem normalen Rhythmus aus und ein.
3. Schließen Sie die Augen. Ziehen Sie die Luft langsam durch die Nase ein. Stellen Sie sich dabei eine Welle vor, die langsam von oben nach unten durch Ihren Körper rollt. Spüren Sie, wie Ihr Brustkorb sich nach hinten und zu beiden Seiten erweitert. Ihre Bauchdecke bewegt sich dabei nicht sichtbar.
4. Halten Sie die frisch eingeatmete Luft kurz in Ihrem Brustkorb, bis Ihr Gehirn den Befehl zum Ausatmen gibt.
5. Atmen Sie jetzt doppelt so lange aus, wie Sie eingeatmet haben.
6. Haben Sie die verbrauchte Luft ganz ausgeatmet, folgt eine kurze Atempause, bis Ihr Gehirn den Befehl zum erneuten Einatmen gibt.

ATEMÜBUNGEN FÜR JEDEN TAG

2

TIEFE BAUCHATMUNG

1. Legen Sie beide Hände mit leicht gespreizten Fingern oberhalb des Nabels auf den Bauch. Der Daumen liegt auf dem Rippenbogen, die Fingerspitzen der anderen Finger berühren sich. Atmen Sie dreimal im normalen Rhythmus aus und ein.
2. Schließen Sie die Augen (Bild 2). Ziehen Sie die Luft langsam durch die Nase in den Unterbauch. Stellen Sie sich eine Welle vor, die langsam von oben nach unten in den Unterbauch rollt. Spüren Sie, wie Ihr Brustkorb nach unten gezogen wird und sich Ihre Bauchdecke dabei leicht nach oben hebt.
3. Halten Sie die Luft ganz kurz im Unterbauch, bis Ihr Gehirn den Befehl zum Ausatmen gibt. Atmen Sie durch die Lippenbremse langsam aus. Atmen Sie doppelt so lange aus wie ein. Spüren Sie, wie sich Brustkorb und Zwerchfell dabei heben und Ihre Bauchdecke wieder eben wird.
4. Haben Sie die verbrauchte Luft ganz ausgeatmet, folgt eine kurze Atempause, bis Ihr Gehirn den Befehl zum erneuten Einatmen gibt.

RICHTIG ATMEN

1

ATEMÜBUNGEN FÜR JEDEN TAG

Das richtige Atmen gehört unbedingt zu meinem Glücksrezept für Sie. Das Atmen ist ein weithin vernachlässigtes Thema.

KLEINE ATEMPAUSE

Diese Übung ist ideal für zwischendurch im Büro oder für eine Verschnaufpause, wenn es mal wieder eng wird. Sie entspannt die Nackenmuskulatur und verbessert die Sauerstoffversorgung im Gehirn.

1. Sitzen Sie aufrecht und ziehen Sie den Scheitelpunkt des Kopfs nach oben. Dabei strecken Sie den Hals, das Kinn zeigt nach vorne, aber nicht nach oben.
2. Stellen Sie sich einen Faden vor, der Sie an der Scheitelmitte sanft nach oben zieht.
3. Falten Sie jetzt Ihre Hände hinter dem Kopf. Die Ellenbogen zeigen dabei leicht nach außen (Bild 1).
4. Drücken Sie nun die Hände etwas gegen den Hinterkopf, ohne dass eine Bewegung sichtbar ist.
5. Atmen Sie dabei ruhig ein und aus. Halten Sie die Spannung etwa zehn Sekunden lang und lösen Sie dann die Armposition langsam auf.
6. Jetzt bewegen Sie Ihren Kopf sanft fünfmal leicht nach der linken Seite und anschließend fünfmal nach rechts. Vorsicht: Nicht überstrecken!

INFO: Heute schon gelacht?

Besonders tief atmen wir beim *Lachen*. Ein spezieller Forschungszweig namens *Gelotologie* befasst sich mit der **heilsamen Wirkung** des Lachens. Die heftige Zwerchfellbewegung, zu der es dabei kommt, massiert alle inneren *Organe*. Das stärkt das Immunsystem, die Schmerzempfindlichkeit sinkt, die *Seele* erholt sich.

RICHTIG ATMEN

ZEN-MEDITATION FÜR EINEN TIEFEN ATEM

Mit der Entstehung des Hinduismus im 6. Jahrhundert v. Chr. entwickelte sich auch die Technik der Meditation. Das Wort kommt vom lateinischen *meditare* und bedeutet Insichgehen. Die Meditation soll Selbsterkenntnis und Bewusstseinserweiterung einleiten und zur Harmonie von Geist, Seele und Körper führen. Selbstversenkung kennen alle großen Religionen. Indische Yogis, buddhistische Mönche und christliche Geistliche versenken sich durch Meditation oder Gebet in tiefe Ruhe. Sie lösen sich so von der Außenwelt, um in einen Zustand geistiger Leere und tiefer Entspannung zu gelangen.

Uns verschafft dieser Weg zum Selbst zunächst innere Ruhe und Gelassenheit. Das Äußere perlt ab, die Besinnung auf das Ich löst Spannungen und setzt positive mentale und psychische Kräfte frei. Tatsächlich können Hirnforscher den Einfluss von Meditation auf das Gehirn nachmessen. Buddhistische Mönche, die regelmäßig meditieren, zeigen eine ungewöhnlich starke Durchblutung der linken Hirnhälfte, die wesentlichen Einfluss auf unsere emotionale Stabilität hat. Die Aktivität der sogenannten Alphawellen steigert sich wie bei einem Schlafenden. Herzschlag und Atmung kommen zur Ruhe, der Blutdruck normalisiert sich, und die Immunkräfte erhalten einen Schub.

Wenn Sie das Meditieren vertiefen und darin weiterkommen wollen, können Sie sich einer Gruppe anschließen, in der Sie sich anleiten lassen. Kursangebote finden Sie bei Volkshochschulen. Wenn Sie darin geübt sind, können Sie sogar zwischendurch meditieren und so mal eben Ihre Akkus nachladen.

ZEHN MINUTEN INNERE *STILLE*

Ich beende anstrengende Tage mit einer kurzen Meditation. Zum Lernen und als tägliches Ritual ist insbesondere die »gerichtete Meditation« geeignet. Sie gibt auch Ungeübten bald Ruhe und Stille. Bevor Sie meditieren, bestimmen Sie einen geeigneten Platz und sorgen dafür, dass Sie nicht gestört werden.

1. Platzieren Sie vor sich einen geliebten Gegenstand oder ein Bild, mit dem Sie positive, entspannende Assoziationen verbinden. Dieser kann Ihnen helfen, in-

ZEHN MINUTEN INNERE STILLE

dem er Ihre Sinne bündelt. Stellen Sie sich einen Wecker auf zehn Minuten.

2. Gehen Sie bequem auf die Knie oder setzen Sie sich im Schneidersitz auf eine Unterlage oder einen Meditationshocker. Schließen Sie zunächst die Augen. Nehmen Sie eine aufrechte Körperhaltung ein. Der Kopf zeigt nach vorne, die Lippen formen ein leichtes Lächeln. Atmen Sie gleichmäßig ein und aus.

3. Öffnen Sie jetzt die Augen und konzentrieren Sie sich auf Ihren Meditationsgegenstand, um in einen tranceartigen Zustand zu kommen. Richten Sie Ihre ganze Aufmerksamkeit auf den Gegenstand, sodass in Ihrem Kopf kein Raum mehr ist für störende andere Gedanken.

4. Atmen Sie während der ganzen Zeit tief und gleichmäßig.

5. Wenn der Wecker klingelt, strecken und dehnen Sie sich zuerst, öffnen dann die Augen und lassen die Entspannung etwas nachwirken.

6. Sollte es die ersten Male zu sogenannten Meditationsschmerzen oder Spannungsgefühlen im Rücken kommen, machen Sie sich keine Sorgen. Das gehört dazu. Lassen Sie diese ziehen ebenso wie eventuell störende Gedanken und fahren Sie in Ihrer Übung fort.

Essen, das glücklich macht

Dass Essen Leib und Seele zusammenhält, wissen Sie längst. Aber schon der Arzt Hippokrates um 400 v. Chr. und später Paracelsus (1493–1541) sagten: »Lasst eure Nahrungsmittel eure Heilmittel sein und eure Heilmittel eure Nahrungsmittel.« Lassen Sie sich das auf der Zunge zergehen.

Falsche Ernährung bringt massive Gesundheitsrisiken mit sich und schwächt Körper, Geist und Seele. Die Gesellschaft für Ernährungsmedizin und Diätetik schätzt die jährlichen Behandlungskosten von ernährungsbedingten Erkrankungen in Deutschland auf rund 100 Milliarden Euro. Schon das ist eine erschreckende Zahl, und doch nur die Spitze des Eisbergs, denn es handelt sich ja nur um die behandelten Folgen. Aus meiner Erfahrung als Ärztin und Patientin im Kampf um mein eigenes Leben weiß ich, dass die richtige Ernährung in Kombination mit körperlicher Aktivität die Lebenskraft erhält und steigert und im Krankheitsfall heilend wirkt. Eine gesunde, ausgewogene Ernährung ist daher unverzichtbarer Teil meines Glücksrezepts, mit dem Sie in Topform kommen werden.

Der Mensch verzehrt im Laufe seines Lebens rund 80 Tonnen Lebensmittel. Schon das zeigt, wie wichtig es ist, was wir uns zuführen. Doch die Entscheidung für das Richtige ist nicht ganz einfach angesichts des Überangebots an zu kalorienreichen und vor allem superbilligen Lebensmitteln, deren Hersteller uns mit verführerischen Botschaften locken.

WIE ERNÄHRUNG AUF DIE *SEELE* WIRKT

Wer sich vernünftig ernährt, hält auch Geist und Seele in Balance. Untersuchungen belegen, dass Menschen, die gerne frisches Gemüse und Fisch, Obst und Vollkornprodukte zu sich nehmen, seltener an Depressionen leiden und deutlich zufriedener sind.

Emeran Mayer, Professor an der University of California in Los Angeles ist Neurogastroenterologe und erforscht die neuronalen Verbindungen des Magen-Darm-Systems. Dieses von den Wissenschaftlern sogenannte »zweite Gehirn« besteht aus einem Nervensystem in der Darmwand, das dem Gehirn ähnelt. Kopf und Bauch stehen in ständigem Signalaustausch. 90 Prozent der Botschaften gehen vom Darm aus und landen in den Hirnarealen, die unsere Gefühle und Stimmungen regulieren.

Auch Peter Holzer, Professor für Experimentelle und Klinische Pharmakologie an der Universität Graz, ist davon überzeugt, dass unsere Gemütslage viel stärker vom Darm beeinflusst wird, als wir uns das bisher träumen ließen. Ich bin davon überzeugt, dass man künftig die Ursachen seelischer Probleme und Störungen nicht mehr nur im Gehirn suchen wird, sondern auch im Verdauungstrakt.

RADIKALSCHNITT ANSTATT KLEINER SCHRITTE

Damit Sie sich durch Ihre Ernährung wirklich stärken, was nicht nur in Krisenzeiten wichtig ist, empfehle ich Ihnen eine Handvoll Radikalschnitte. Die haben bei mir Unglaubliches bewirkt, und so wird es auch Ihnen damit gehen. Sie müssen nicht von heute auf morgen Vegetarier werden. Befassen Sie sich einfach mal mit gesunden Nahrungsmitteln. Dann fällt Ihnen die Umstellung auf eine gesunde, ausgewogene Ernährung ganz leicht.

Wenn Sie schon etwas von gesunder Ernährung wissen, werden Ihnen meine Tipps und Anregungen auf den nächsten Seiten dabei helfen, Ihre Ernährung zu optimieren. Sollte gesunde Ernährung für Sie Neuland sein, gebe ich Ihnen meine Tipps vom Wasser über den Fleischkonsum bis zum Umgang mit Einkaufslisten und Vorratshaltung.

Es ist wichtig, dass Sie sich während der Umstellung auf einen aktiveren Lebensstil wohlfühlen und sich möglichst nichts verbieten. Gönnen Sie sich deshalb ruhig mal eine kleine Sünde wie Pralinen oder Schokoküsse. Das mache ich auch! Es beugt Heißhungerattacken vor. Sie müssen dabei kein schlechtes Gewissen haben.

Verhaltensstudien haben gezeigt, dass man es nur mit einem guten Gefühl schafft, seinen Lebensstil langfristig umzustellen. Sie werden erleben, dass Ihr Körper mit der Zeit wegen der regelmäßigen Bewegung, vertieften Atmung und vermehrten Achtsamkeit nach der dazu passenden Nahrung verlangt, also nach

Das Heilen fängt beim Essen an.

dem, was er wirklich braucht. Das nennt man somatische Intelligenz.

Ihre Körperzellen erhalten jetzt – nicht zuletzt durch den verbesserten tiefen Atem – reichlich Sauerstoff, und Ihr Stoffwechsel läuft rund, was auch das Gehirn, die Gefühle, die Kreativität und die geistige Leistungsfähigkeit auf Vordermann bringt.

ALLES, WAS IHR KÖRPER *BRAUCHT*

In den asiatischen Heillehren hat die Ernährungskunde einen hohen Rang. Das Heilen, steht in den alten Schriften, fängt beim Essen an. Die Erkenntnis, dass Gesundheit mit einem gesunden Darm einhergeht, also mit einem gesunden Stoffwechsel, ist auch ein Grundsatz der Naturheilkunde und der Präventivmedizin. Der Stoffwechsel ist verantwortlich für das Funktionieren aller Organe und bestimmt maßgeblich unser Wohlbefinden.

Was unser Stoffwechsel benötigt, damit wir gesund und in Form bleiben, ist Sauerstoff, Schlaf, Bewegung, Ruhephasen, Flüssigkeit und natürlich Energie in Form von Nährstoffen. Dies sind erstaunlich wenige, wenn man die Komplexität des menschlichen Stoffwechsels bedenkt: Der wichtigste Baustein ist Eiweiß, dazu kommen Kohlenhydrate und Fette. Ferner brauchen wir Vitamine und Mineralstoffe als Hilfssubstanzen für die Energiegewinnung. Alle Wachstums- und Erneuerungsprozesse im Körper, das Funktionieren des Immunsystems und jede Form von Leistung hängen von dieser Energie ab.

WASSER, WASSER UND NOCHMALS WASSER!

Ich trinke unentwegt Wasser! Immer habe ich Wasser in Reichweite: neben dem Bett, unter dem Schreibtisch, im Auto. Mit genug Wasser kann mein Körper nicht nur gelöstes Fett besser abtransportieren, sondern es erhöht auch seinen Energieumsatz.

Voraussetzung für körperliche und geistige Leistungsfähigkeit, für Wohlbefinden und Lebenskraft ist eine ausgeglichene Flüssigkeitsbilanz. Pro Tag verlieren wir etwa 2 bis 2,5 Liter Wasser als Wasserdampf mit dem Atem, durch Schwitzen und durch die Harnwege. Diesen Verlust müssen wir ausgleichen. Laut Faustregel brauchen wir 35 bis 40 Milliliter Wasser pro Kilo Körpergewicht. Normalerweise – also ohne schweißtreibende Anstrengung, Sommerhitze, Fieber oder Durchfall – braucht eine Frau mindestens 2 Liter Wasser, ein Mann über 2,5 Liter. Kinder brauchen wegen ihres Wachstums relativ mehr Wasser als Erwachsene: bis etwa zehn Jahre 1,5 bis 2 Liter, ab 10 Jahren 2 Liter.

Bei starker Anstrengung kann der Tagesbedarf leicht das Drei- bis Vierfache erreichen. Zu etwa einem Drittel decken wir ihn durch die Flüssigkeit in Gemüse und Obst. Zwei Drittel trinken wir. Die Qualität der Getränke muss natürlich stimmen: Zuckerhaltige sind ungeeignet. Sie treiben den Blutzucker- und Insulinspiegel hoch. Künstlich komponierte Softdrinks mit Zucker und alkoholische Getränke sind keine Durstlöscher. Am besten stillt pures Trinkwasser unsere Bedürfnisse. Genauso wichtig wie die Menge ist die Qualität. Wenn Sie keine schweißtreibende Tätigkeit wie harte körperliche Arbeit oder Sport ausüben, ist Wasser ideal.

ALLES, WAS IHR KÖRPER BRAUCHT

Aus der Flasche, aus der Leitung: Natürliche Vorkommen von reinem Wasser sind selten geworden. Quellwasser aus den Bergen oder aus Naturschutzgebieten erfüllt die Anforderungen am besten, Leitungswasser nicht immer. Neben Nitrat kann es Pflanzenschutzmittel aus der Landwirtschaft und Medikamentenrückstände enthalten. Altbauten mit Bleirohren gibt es zum Glück kaum noch. Aber auch Wasser aus Kupferleitungen sollten Sie nicht trinken.

Erkundigen Sie sich im Zweifelsfall beim Haus- oder Wohnungseigentümer und beim Wasserversorger. Wir in Nürnberg haben Leitungswasser mit exzellenter Qualität. Fachleute bestätigen, dass es sogar besser ist als in Flaschen abgefülltes Wasser aus dem Supermarkt. Wenn Sie genauso viel Glück haben, machen Sie's wie ich: Sparen Sie sich das viele Geld und das nervige Hantieren mit Leergut. Ich halte oft einfach den Kopf unter den Wasserhahn und trinke direkt aus der Leitung – so wie ich's schon als Kind gemacht habe.

EIWEISS – BAUSTOFF UND STIMMUNGSMACHER

Eiweiß ist die Gute-Laune-Zutat meiner Ernährung und gehört zum Glücksrezept wie Eier zum Kuchenbacken! Eiweiß braucht der Körper als Baumaterial für Entwicklung, Erneuerung und Reparatur aller Körperstrukturen von den Muskelzellen bis zu Haut und Haaren. Eiweiß ermöglicht Stoffwechselvorgänge, Muskelfunktion und die Signalübertragung im Gehirn. Eiweiße spielen bei der Bildung von Enzymen und Hormonen eine wichtige Rolle und unterstützen das Abwehrsystem. Der Eiweißspiegel beeinflusst unmittelbar die Leistungsfähigkeit und die Stimmung. Kurzum: Alle körperlichen und geistigen Leistungen sind gewissermaßen auch Eiweißleistungen. Das Eiweiß aus der Nahrung wird vom Stoffwechsel in Aminosäuren aufgespalten. Über 20 Typen davon gibt es. Neun davon sind essenziell, das heißt, der Körper stellt sie nicht selbst her. Diese lebenswichtigen Stoffe sorgen unter anderem dafür, dass wir fit bleiben. Proteinreiche Nahrungsmittel sättigen gut und sind daher Schlankmacher. Der Körper muss einiges an Energie aufwenden, um aus einem Ei, einer Portion Quark oder einem Putenschnitzel verwertbares Eiweiß herzustellen.

Eine Unterversorgung mit Eiweiß kann zu körperlichem und geistigem Leistungsabfall führen, auf der anderen Seite bringt ein Eiweißüberschuss den Kalziumhaushalt durcheinander, strapaziert Nieren und Leber und übersäuert den Körper. Es gilt also, eine gesunde Balance einzuhalten. Wer sich regelmäßig bewegt, braucht mehr Eiweiß und sollte es regelmäßig zu sich nehmen.

TIPP: Kein Frühstück!

Haben Sie **keine Angst vor Neuland**. Führen Sie eine neue Gewohnheit ein. Entgegen der landläufigen Empfehlung esse ich bis Mittag nichts! Dafür trinke ich Wasser, Wasser, Wasser. Das *entschlackt* meinen Körper und tut mir unglaublich gut! Schreiben Sie mir, wie es Ihnen damit geht! Das interessiert mich.

ESSEN, DAS GLÜCKLICH MACHT

INFO: *die Eiweiß-Körpergewicht-Faustformel*

Etwa **ein Gramm Eiweiß pro Kilo** Körpergewicht am Tag sollten Sie sich zuführen. Nehmen Sie weniger davon auf, schwächen Sie sich, weil Sie Ihrem *Zellstoffwechsel* zu wenig Baustoff liefern. **Wenn Sie laufen,** brauchen Sie mitunter doppelt so viel Eiweiß. Dilemma: Das entspricht 20 Bechern Joghurt. Deshalb nehme ich lieber zusätzlich einen *Eiweißdrink.* **Das geht schnell** und kommt mir nicht bei den Ohren wieder raus.

Besonders geeignet für die Eiweißversorgung sind neben Magerfisch wie Forelle, Hecht, Rotbarsch, Forelle und Seelachs auch mageres Geflügel und Eier. Milch, fettarmer Käse und Tofu sind geeignet. Pflanzliche Proteine sind fast fettfrei: Sie stecken vor allem in Hülsenfrüchten wie Linsen, Erbsen und Bohnen und ergänzen die Eiweiß-Ration.

Die schnelle Extraportion: Wenn Ihnen im hektischen Alltag wie mir tagsüber die Ruhe für eine ausgeglichene Ernährung fehlt, füllen Sie Ihre Eiweißspeicher regelmäßig auf, indem Sie alle paar Stunden ein Glas mit einer Extraportion Eiweiß trinken. Damit kann Ihr Körper das Immun- und das Hormonsystem intakt halten und die Zellen auffrischen. In Apotheken gibt es auch speziell für die Bedürfnisse von Frauen Eiweißdrinks mit hoher biologischer Wertigkeit.
Melden Sie sich bei mir, wenn Sie eine Empfehlung benötigen. Meine Kontaktdaten finden Sie auf Seite 157. Aber nur mit den Drinks allein erleben Sie natürlich kein Glücksgefühl. Sie müssen sich schon fleißig bewegen und bewusst ernähren.

DIE MILCH MACHT'S?

Nein, so einfach ist es leider nicht. Ich empfehle: Reduzieren Sie eher die Milchprodukte auf Ihrem Speiseplan. Ich trinke auch sehr gerne einen Latte macchiato und träume mich dabei nach Venedig. Gerade die aufgeschäumte Milch finde ich klasse.
Heute gibt es viel mehr Milchprodukte als früher. Auch in Form von Fertiggerichten und Getränken füllen sie endlose Regalmeter in den Supermärkten. Auch Molke, an sich ein übelriechendes, billiges Abfallprodukt, ist im Sortiment der haltbaren Lebensmittel stark vertreten.

Das rechte Maß ist wie immer entscheidend. Aber weniger Milch ist im Prinzip besser für unsere Gesundheit. Der Magen muss für die Milchverdauung mehr arbeiten, weil diese mehr Säure erfordert. Hinzu kommt, dass Milch und Käse in Darm und Lunge die Produktion enormer Mengen von Schleim verursachen können und dieser einen festen Belag bildet, der für die Nährstoffe kaum durchlässig ist. Abgeschlagenheit und sogar Atembeschwerden kann dies zur Folge haben.

Zu viel Milch führt zu Blähungen, Krämpfen oder sogar Durchfall. Oft steckt eine Laktose-Intoleranz dahinter: Der Milchzucker macht dann dem Darm Probleme. Etwa 15 Prozent der Deutschen vertragen ihn nicht; jeder hundertste Erwachsene leidet sogar an einer Milchallergie. Die Unverträglichkeit beruht darauf, dass der Körper nicht genug von dem Enzym Laktase bildet, das den Milchzucker aufspaltet und damit verdaulich macht. Im Grunde ist das normal. Die Aktivität des Enzyms lässt meist bereits im Kleinkindalter nach, wenn das Kind nicht mehr gestillt wird und normal isst. Wer weiterhin Milch verträgt, sollte eher als Ausnahme gelten. Milch ist eben von Natur aus Kindernahrung.

Nicht immer führt die Laktoseintoleranz nur zu den genannten Beschwerden. Auch Kopfschmerzen, Hautprobleme und Schlafstörungen können sich infolge der Milchzuckerunverträglichkeit einstellen. Allerdings enthält nicht jedes Milchprodukt gleich viel Laktose: So kann Rahmspinat unter Umständen mehr Probleme machen als ein Käsebrot oder ein Joghurt. In letzterem stecken durchaus auch Bakterien, die im Darm nützlich sein können. Mahlzeiten mit fettreichen Milchprodukten sind übrigens leichter verdaulich, da das Fett die Verdauung verlangsamt.

Bei Verdacht auf Laktoseintoleranz ist ein Test beim Hausarzt zu empfehlen. Bei positivem Resultat sollten Sie zu laktosefreien Lebensmitteln greifen. Sie enthalten statt Milchbestandteilen meist Reis oder Soja. Reformhäuser und Supermärkte bieten eine große Auswahl von Schokolade bis zum Parmesan. Butter und mache Hartkäsesorten enthalten relativ wenig Laktose.

Vorsicht beim Eis! Weil ich selbst so gerne Eis esse und meine Kinder und ebenso mein Vater die reinsten Schleckermäuler sind, möchte ich Ihnen nur ungern den Appetit verderben. Aber heutzutage wird anstelle von Sahne oft zerlassenes Fett aus Fleischresten für die Eisherstellung verwendet. Demzufolge stecken Schweineschmalz und abgebrühter Talg und Fett darin, aufgepeppt mit synthetischen Aromen und Geschmacksverstärkern. In Untersuchungen wurde festgestellt, dass Nussgeschmack aus Gummibindemittel gemacht wird, Vanille aus Entlausungsmittel … Auch die berühmten »natürlichen Aromen« haben nichts mit dem zu tun, wonach sie schmecken. Natürlich gibt es auch perfekte Eiscremes ohne jede chemische Beimengung, also aus Milchrahm, Eiern und echten Früchten. So wie unlängst in einer Eisdiele in Berlin, die wir gemeinsam mit Kindern und Großeltern besuchten. Mein Vater bestellte acht Kugeln und bekam davon Bauchweh. Kein Wunder.

WENIG FLEISCH!

Um es kurz zu machen: Es gibt Dutzende gute Argumente gegen Fleisch. Und die überzeugen mich. Punkt. Ich denke an den übermäßigen Ressourcenverbrauch und die Treibhausgase, an die quälenden Haltungsformen, an die vielen ernährungsbedingten Krankheiten, an Keime und Antibiotika in Geflügelfleisch und so weiter. Fleisch steht für mich als Ärztin und vierfache Mutter unter Generalverdacht.

Was haben so bedeutende Menschen gemeinsam wie der Inhaber von 2000 Patenten Thomas Alva Edison, der Physik-Nobelpreisträger Albert Einstein, der Fernsehmoderator Frank Elstner, die Schauspielerin Greta Garbo, der 16. US-Präsident Abraham Lincoln, der Beatle

ESSEN, DAS GLÜCKLICH MACHT

Paul McCartney, die Sängerin Nena, der Begründer der klassischen Physik Sir Isaac Newton, Frauenschwarm und Schauspieler Brad Pitt, die Philosophen Sokrates und Seneca, die Sängerin Barbra Streisand und der Komponist Richard Wagner? Genau! Sie sind oder waren Vegetarier. Die Liste ließe sich beliebig verlängern. Also: Wen nehmen Sie sich zum Vorbild? Wenn Sie's nicht sofort lassen können: Beim Einkauf von Fleisch sollten Sie unbedingt auf die Herkunft achten. Nur Ware aus artgerechter Haltung enthält keine künstlich zugeführten Hormone und Medikamente. Ich selbst esse nur ganz selten Fleisch. Wenn mein Mann mit meinen Jungs im Garten den Grill anzündet, kann ich auch nicht widerstehen. Das Essen soll ja ein Vergnügen sein und absolut keine Selbstkasteiung. Rotes Fleisch kommt bei uns so gut wie gar nicht auf den Tisch, Geflügelaufschnitt etwa einmal im Monat.

KOHLENHYDRATE FÜR DIE ENERGIE

Um unseren Energiebedarf zu decken, brauchen wir als Treibstoff vor allem Kohlenhydrate. Aus ihnen bildet der Körper Glukose, den Zucker, mit dem die Körperzellen gefüttert werden. Unsere grauen Zellen, die Muskeln und Nerven sind auf Glukose als Brennstoff angewiesen. In die Zellen eingeschleust wird der Zucker durch das in der Bauchspeicheldrüse produzierte »Türöffner«-Hormon Insulin. Glukosemangel bedeutet Unterzuckerung und damit Konzentrationsschwäche, Leistungsabfall und Müdigkeit. Die Stimmung fällt in den Keller, man ist gereizt. Das Gehirn gibt dann das Signal: »Hunger!«
Wer sich extrem kohlenhydratreich ernährt, hat einen erhöhten Blutzucker- und Insulinspiegel. Bewegung und Training senken den Spiegel auf ein normales Niveau. Ohne Bewegung bekommt man nach einer kohlenhydratreichen Mahlzeit sehr schnell wieder Appetit. Dem kann man gegensteuern, indem man die richtigen Kohlenhydrate auf den Teller bringt. Denn nicht alle Kohlenhydrate sind gleich. Sie wirken unterschiedlich auf den Blutzuckerspiegel.

Gesundheitskiller Einfachzucker: Unter dem Begriff Kohlenhydrate versammelt sich eine ganze Vielzahl von Stoffen, die aus Zuckermolekülen bestehen. Tritt ein solches Molekül einzeln auf, nennt man es Einfachzucker. Diese einkettigen Kohlenhydrate werden besonders schnell zu Glukosemolekülen verstoffwechselt. Dazu gehören Traubenzucker, Fruchtzucker aus Obst, Maltose aus Malz und Saccharose aus Haushaltszucker. Diese Einfachzucker treiben den Blutzucker- und Insulinspiegel schnell hoch und sind daher Gesundheitskiller. Sie stecken in Fertiggerichten und Weißmehlprodukten, in Konserven, Fruchtjoghurts, Fruchtnektar, Cornflakes, Müsliriegeln, Sekt, Wein und Bier.
Wer viel und häufig davon isst oder trinkt und sich zu wenig bewegt, schickt seinen Blutzuckerspiegel und seine Insulinproduktion auf eine ständige Berg- und Talfahrt. Wird den Zellen ständig Zucker zugeführt, lassen sie ihn ab ihrem Sättigungsgrad nicht mehr ein. Zucker und Insulin kursieren weiter im Blut, und der Blutzuckerspiegel bleibt erhöht. Auf Dauer werden die Zellen insulinresistent, also taub für dieses Hormon. Die Bauchspeicheldrüse stellt in der Folge noch mehr Insulin her, das die im Blut frei flottierenden Nährstoffe nun in die Fettzellen presst. Das macht dick und auf Dauer träge und unglücklich …

ALLES, WAS IHR KÖRPER BRAUCHT

Lust auf Süßes? Heißhungerattacken auf Schokolade & Co. sind fies. Sie können jeden guten Vorsatz, sich vernünftig zu ernähren, ins Wanken bringen. Gibt man ihnen nach, handelt man sich gleich den Frust darüber ein, und dann brechen in der Regel alle Barrieren. Dabei lassen sich Heißhungerattacken ganz gut ausbremsen. Experten zufolge steckt hinter der Lust auf Süßes ein Serotoninmangel. Das Gute-Laune-Hormon Serotonin hebt unsere Stimmung und regelt so wichtige Dinge wie Hunger, Antrieb und Schlafbedürfnis.

Wie viel Serotonin im Körper produziert wird, hängt unter anderem von der Dauer und Intensität des Tageslichts ab, dem wir uns aussetzen. Daneben benötigen wir zur Herstellung des Hormons den Eiweißbaustein Tryptophan. Er steckt in Milch, Käse, Fisch und Nüssen. Tryptophan benötigt wiederum Insulin, um ins Gehirn zu gelangen. Auch Fett hilft beim Transport ins Gehirn. Das zeigt, warum wir bei schlechter Stimmung oder wenn wir zu wenig Tageslicht bekommen, öfter Appetit auf Zucker haben, der sofort ins Blut geht, oder auch auf fetthaltige Lebensmittel wie Chips oder Käse. Seien Sie also stark und trinken Sie besser einen Eiweißshake.

Nicht nur Lichtmangel verursacht Serotoninmangel. Auch die veränderte Hormonkonzentration im weiblichen Körper nach dem Eisprung löst bei vielen Frauen an den Tagen vor der Menstruation Lust auf Schokolade aus. Aber es geht nicht nur um Biochemie. Zucker beruhigt auch. Wer als Kind Süßes statt Trost bekommen hat, dem hat sich diese Verkettung eingeprägt, und er wird auch als Erwachsener bei Stress zum süßen oder fetten Snack greifen. Wer sich nur hin und wieder seinen Gelüsten hingibt, tut sich und seiner Seele etwas Gutes.

Mogelpackung »Fruchtzucker«

»Natürliche Süße aus Früchten« klingt gut, ist aber ein typischer *Dickmacher*. Viele Lebensmittel sind mit Fruchtzucker (Fruktose) gesüßt, der **wie Haushaltszucker** den Zuckerstoffwechsel stört, die Leber belastet und zu Stoffwechselstörungen führen kann. Fruchtzucker aus frischem Obst ist dagegen unbedenklich. Schließlich liefern *Früchte* zusätzlich sättigende Ballaststoffe, Vitamine und Spurenelemente. Ist der Fruchtzucker anderen Lebensmitteln wie Joghurt, Gebäck, Ketchup oder Getränken **beigemischt, wird es heikel.** Eine Studie hat gezeigt, dass Versuchstiere, die Fruktoselösung statt Wasser zu trinken bekamen, **mehr Fett** zulegten und **höhere Leberwerte** hatten.

Das Problem ist, dass Fruktose im Gegensatz zu Haushalts- oder Traubenzucker **keine Insulinantwort** auslöst, also nach dem Verzehr nicht in die Zellen transportiert wird, sondern **direkt in die Leber** gelangt und dort unter anderem in Fett umgewandelt wird. Außerdem entsteht kein Sättigungsgefühl, sondern der *Appetit* wächst, insbesondere der auf *Süßes*.

TIPP: Erste Hilfe bei Stress!

Sind Sie **müde und ausgepowert?** Das ist gefährlich, denn jetzt greifen Sie lieber zu Schokolade als zu gesunden Knabbereien. Essen Sie das Richtige gegen Stress: Vor allem Lebensmittel mit viel *Vitamin B,* etwa Bananen, helfen bei Stress. **Basische Nahrungsmittel und Getränke** stärken die Nerven: Äpfel und Möhren, Sojamilch oder Kräutertee verschaffen Ihnen eine Verschnaufpause. *Last but not least:* Machen Sie rechtzeitig *Pause,* legen Sie Bewegungseinheiten ein oder entspannen Sie sich mit einer **Atemübung.**

Schnelle Hilfe bei Heißhunger: Diese Maßnahmen können dabei helfen, den Serotoninspiegel anzuheben und Essattacken auszubremsen:
- Im Notfall essen Sie einen Becher Naturjoghurt, eine Handvoll Beeren, saure Gürkchen oder Nüsse.
- Auch Entspannungseinheiten mit Atemübungen (siehe ab Seite 131) unterstützen die Bildung von Serotonin.
- Nehmen Sie immer genug komplexe Kohlenhydrate zu sich. Sie halten länger vor. Also: Müsli statt Marmelade.

- Raus an die frische Luft! Auch ein bedeckter Himmel bietet tagsüber eine Lichtdusche.

KOHLENHYDRATE: KOMPLEX IST BESSER

Neben den ungesunden einfachen Kohlenhydraten gibt es die sogenannten Mehrfachzucker oder komplexen Kohlenhydrate. Sie sind die gesunden Verwandten der Einfachzucker und finden sich in Vollkornprodukten, Müsli und Gemüse. Für die Umwandlung der mehrkettigen Kohlenhydrate braucht unsere Leber deutlich länger, der Blutzuckerspiegel steigt langsamer, und wir sind länger satt. 30 Prozent der Nahrungsenergie wird für die Umwandlung in Glukose benötigt. Dabei ist die Insulinausschüttung relativ niedrig. Komplexe Kohlenhydrate sind also die perfekten Energielieferanten.

BALLASTSTOFFE

Vollkorn, Obst und Gemüse enthalten zudem reichlich Ballaststoffe. Diese scheidet der Körper fast komplett unverdaut aus. Trotzdem sind sie lebensnotwendig. Sie unterstützen das Immunsystem, indem sie die Darmtätigkeit anregen. Sie halten die Insulinbildung in Schach, befördern das schädliche LDL-Cholesterin aus dem Körper und unterstützen so Herz und Kreislauf. Nebenbei sorgen die kleinen Helfer für lang anhaltende Sättigung.
Eine Ernährung mit reichlich Ballaststoffen und viel gesunden Fetten und Eiweiß in allen Mahlzeiten senkt den glykämischen Index, indem sie den Stoffwechsel anregt. So bekommt der Körper lange Zeit wertvolle Energie. Sie halten sich körperlich und mental leistungsfähig und fit.

Komplexe Kohlenhydrate sind die perfekten Energielieferanten.

ALLES, WAS IHR KÖRPER BRAUCHT

FITMACHER VITAMINE & CO.

Vitamine, Mineralstoffe und Spurenelemente brauchen wir als Katalysatoren und Helfer im Eiweißstoffwechsel, für das Wachstum, zur Regeneration und für ein intaktes Immunsystem. Da wir sie nicht selbst herstellen können, sind wir auf ihre Zufuhr durch frische und hochwertige Lebensmitteln angewiesen. Die Stoffe sind natürlicher Bestandteil zum Beispiel von Gemüse, Obst, Fisch, Milch, Getreide und Nüssen. Ein Blutbild vom Arzt gibt Ihnen Auskunft, ob Ihr Körper unter Umständen ein paar Extra-Einheiten an Biostoffen in Form von Nahrungsergänzungsmitteln braucht.

Zu den Vitalstoffen zählen die sogenannten Antioxidantien. Sie verlangsamen Alterung und Verschleiß, indem sie aggressive Sauerstoffmoleküle, die »freien Radikale«, neutralisieren. Die wichtigsten Radikalenfänger sind die Vitamine C und E, Selen, Co-Enzym Q10 und Alpha-Liponsäure sowie Pflanzenstoffe aus Ginkgo biloba oder grünem Tee. Frisches Obst und Gemüse ist reich an Vitamin C und E. Karotinoide, Lutein und Lykopen aus Möhren, Tomaten und gelben, orangefarbigen, roten sowie grünen Obst- und Gemüsesorten können DNS-Schäden verhindern helfen, die Herz-Kreislauf-Erkrankungen und Krebs begünstigen.

Besonders ältere Menschen, Sportler und chronisch Kranke haben oft einen Mangel an Antioxidantien. Aber auch zu fett- und zuckerhaltige Ernährung, Stress, Rauchen, zu viel Alkohol, Sonneneinstrahlung, körperliche Anstrengung und Umweltverschmutzungen erhöhen den Bedarf an Radikalfängern.

Meine Botschaft lautet daher: Sie müssen auf den Gemüsemarkt *und* in die Apotheke. Behalten Sie das im Hinterkopf.

INFO: GLYX – glykämischer Index für Kohlenhydrate

Der glykämische Index (GI) eines Lebensmittels besagt die Veränderung des **Blutzuckerspiegels** nach dem Verzehr und damit auch den Einfluss auf den *Insulinspiegel.* Nahrungsmittel mit geringem GI sind uneingeschränkt empfehlenswert, solche mit hohem GI sollten Sie meiden.

Niedriger GI (unter 55): Obst, Gemüse, Basmatireis, grobes Vollkornbrot, Teigwaren aus Hartweizen, Milch, Joghurt, Hülsenfrüchte, Blattgemüse, Nüsse

Mittlerer GI (55 bis 70): Müsliriegel, Salzkartoffeln, Bananen, Zucker, ungesüßte Obstsäfte

Hoher GI (über 71): Weißbrot, Nudeln aus Weißmehl, gewöhnlicher Reis, Limonade, Süßigkeiten, Kuchen, Cornflakes, Honig, Bier

ESSEN, DAS GLÜCKLICH MACHT

FETTE – HELFER DES IMMUNSYSTEMS

Vorbei sind die Zeiten, da Fett pauschal auf dem Index stand. Fett sorgt für Power, aber auch – beim Genuss von ungesunden Fetten und bei einem Zuviel davon – für Rettungsringe. Im Körper haben Fette viele Funktionen, etwa als Energiespeicher, Wärmeisolierung, Schutzpolster für die inneren Organe und als Kraftstoff für Ausdauerleistungen. Vitamin A und bestimmte Hormone kann der Körper nur mithilfe von Fett herstellen. Ohne Fett können Zellen nicht ihre Schutzmembran aufbauen. Man unterscheidet mehrere Fettsäuren. Die gesättigten Fettsäuren gehören zu den ungesunden und stecken vor allem in tierischen Fetten, also Milch, Fleisch und Produkten daraus. Unser Körper kann sie selbst bilden und verzichtet gern auf sie. Von den gesättigten Fetten bekommen wir schnell zu viel ab. Auch die Transfettsäuren sind gefährlich. Sie entstehen bei der industriellen Verarbeitung. Im Körper verschlechtern sie das Verhältnis zwischen gesundem HDL- und ungesundem LDL-Cholesterin. Meiden Sie Transfettsäuren in industriell gehärtetem Pflanzenfett, das in Süßigkeiten, Pommes frites und einigen Margarinesorten verborgen ist. Lesen Sie die Angabe »gehärtete pflanzliche Fette« auf der Verpackung, kaufen Sie das Produkt nicht.

TIPP: *richtig Brotzeit machen*

Ein belegtes **Sandwich oder Brötchen** – fertig ist die Zwischenmahlzeit für den Job oder das Pausebrot für die Kids. In manchen Familien gibt es jeden Tag eine Brotzeit oder das Abendbrot. An und für sich ist dagegen nichts einzuwenden, sofern man dies beachtet: Brot ist sehr *energiedicht,* liefert also viele Kalorien. Je mehr *Weißmehl* drinsteckt, desto mehr Energie. **Gemüse und Obst** haben dagegen kaum Kalorien und enthalten viel Wasser. Dieses dehnt den Magen, und umso nachhaltiger ist das *Sättigungsgefühl.* Bei Brot ist das Gegenteil der Fall. Es lässt den Insulinspiegel nach oben schießen. Die gute Nachricht: Wenn Sie Vollkornbrot mit einem niedrigen GLYX etwa **5 mm dünn** schneiden und mit einem ebenso starken Belag aus *fettarmen Zutaten* und beispielsweise Tomaten belegen, ist auch eine Brotzeit eine leichte Mahlzeit. Gewöhnen Sie sich am besten an, am Abend auch *Tomaten* und andere *Rohkost* zu essen. Je mehr Sie und Ihre Lieben davon verzehren, desto **weniger Platz** bleibt im Magen **für Brot.**

INFO: *die Besten der Besten*

Einige Eigenschaften machen ein Lebensmittel zu einem echten Heil- und Stärkungsmittel für *Körper, Geist und Seele.* Die besten Lebensmittel, die nachweislich das **Immunsystem** stärken,

- ...lösen nach Verzehr keinen starken Blutzucker- und Insulinanstieg aus,
- ...sind reich an essenziellen Fett- und Aminosäuren,
- ...enthalten reichlich Vitamine und/oder Mineralien,
- ...liefern genug lösliche und unlösliche Ballaststoffe
- ...und sind nicht durch Nahrungsergänzungsmittel zu ersetzen!

Ungesättigte Fettsäuren: Gesunde Fette bestehen nur aus ungesättigten Fettsäuren. Diese sind essenziell, das heißt, wir müssen sie mit der Nahrung aufnehmen, da der Körper sie braucht, aber nicht selbst herstellen kann. Zu den wichtigsten ungesättigten Fettsäuren gehören jene vom Typ Omega-3. Sie kommen nur in Fisch und Fleisch vor, hauptsächlich in Hering, Lachs, Makrele und Thunfisch, Bio-Rindfleisch und Wild. Raps- und Leinöl, Walnüsse und grünes Blattgemüse sind gute Lieferanten von Vorläufern der mehrfach ungesättigten Fettsäuren.

Die ebenfalls ungesättigten Omega-6-Fettsäuren stecken in Getreide sowie in Sonnenblumen-, Distel-, Soja- und Weizenkeimöl.

Einfache ungesättigte Fettsäuren findet man in Olivenöl. Aber auch Nüsse, Samen und Avocados sind reich an gesunden Fettsäuren, die günstig auf die Blutfettwerte wirken.

GENUSS UND *GLÜCK* AUS DER *KÜCHE*

Essen ist ein Stück Lebenslust und Kultur. Kochen ist keineswegs nur Frauensache. Jeder sollte kochen können. Wer es nicht tut, ist abhängig von der Kochkunst anderer und von der Lebensmittelindustrie. Dabei ist Kochen kreativ, macht Spaß, hilft beim Abschalten nach einem langen Tag und lässt Sie selbst entscheiden, womit Sie sich und Ihren Lieben etwas Gutes tun.

SELBER KOCHEN!

Kochen ist nicht schwierig. Nur Mut! Es gibt tolle Kochschulen und Kochbücher für Einsteiger. Vor allem die mediterrane und die asiatische Küche bieten viele gesunde Rezepte für Einsteiger – auch tolle vegetarische Gerichte! Eine Tiefkühlpizza gibt es auch bei mir mal, aber nur ausnahmsweise. Ich kaufe nach Möglichkeit alles frisch, selbst wenn das mehr Zeit verlangt und etwas mehr Geld. Das ist's wert, denn Ihr Körper und die Gesundheit Ihrer Lieben werden es Ihnen danken.

DAS MEDITERRANE VORBILD

Die Bewohner der Mittelmeerländer leiden seltener an Herz-Kreislauf-Krankheiten, haben weniger Übergewicht und leben länger als die Bewohner Nordeuropas und der USA. Also: Was machen die Südländer besser? Griechen und Italiener essen fast dreimal (!) so viel Gemüse wie die Deutschen. Als Vorspeise gibt es Salat, als Beilage oder Hauptgericht wird Gemüse serviert. So versorgen sie sich optimal mit Vitaminen, Mineral-, Ballast- und sekundären Pflanzenstoffen. Tierisches Eiweiß kommt mehrmals die Woche in Form von Fisch und Meeresfrüchten auf den Tisch, aber auch Joghurt und Käse gehören zur Ernährung. Fleisch und Eier gibt es nur in Maßen. Brot, Nudeln, Reis und Hülsenfrüchte steuern komplexe Kohlenhydrate und Ballaststoffe bei.

GESUND KOCHEN, RICHTIG GENIESSEN

- Braten Sie Fleisch und Fisch nur bei mittlerer Hitze und mit wenig Pflanzenöl an und kombinieren Sie es immer mit viel Gemüse. Verwenden Sie Raps- und Olivenöl statt Butter, Schmalz oder gehärtetem Pflanzenfett.
- Dünsten Sie Gemüse mit wenig Wasser oder Gemüsebrühe nur bissfest. Das schont die Vitamine und Mineralstoffe.
- Salzen Sie sparsam und nur mit Meersalz ohne Rieselhilfen und Zusatzstoffe. Zu viel Salz verdirbt die Geschmacksnerven und führt auf Dauer zu Wassereinlagerungen im Körper.
- Servieren und essen Sie in kleinen Portionen.

VORRATSHALTUNG?

Eine gute Vorratshaltung erlaubt spontane Kochaktionen, spart Zeit und Geld. Okay, sie ist halt nichts für mich. Sie wissen ja, dass ich nichts mit Sammeln und Lagerhaltung am Hut habe. Lieber lasse ich mich auf dem Markt von frischem Obst und Gemüse aus der Region inspirieren.

Planen Sie nicht groß voraus, leben Sie bewusst in der Gegenwart! Entscheiden Sie spontan von Tag zu Tag, was es zu essen gibt. Dann brauchen Sie keine Listen und Pläne zu führen, was Sie wann auf den Tisch bringen wollen. Eine Speisekammer habe ich gar nicht. Räumen Sie Ihre aus. Das tut gut.

DAS *RICHTIGE* EINKAUFEN

Lassen Sie künftig beim Einkaufen die ungesunden Dinge einfach außen vor und achten Sie mehr auf Qualität statt auf Quantität und Preis. Kaufen Sie einfach weniger. Ihr Körper braucht weniger, als Sie glauben. Mit ausgesuchtem Gemüse und Obst, Fisch, Eiern, Milchprodukten, Olivenöl und Nüssen zapfen Sie die gesündesten Fett- und Proteinquellen an. Wenn Sie Kuhmilch und Rohmilchkäse nicht gut vertragen, greifen Sie zu Schafs- und Ziegenkäse oder zu Sojaprodukten. In Sachen Getreide sollte die Entscheidung immer für Vollkornprodukte fallen. Sie versorgen den Körper mit wertvollen Inhaltsstoffen, belasten ihn weniger und geben ihm mehr Energie! So können Sie getrost auf jede Diät dieser Welt verzichten! Ist das nicht wundervoll?

IMMER HER DAMIT!

Die folgenden Lebensmittel sind nach dem Vorbild der mediterranen und asiatischen Küche ausgewählt. Mit ihnen können Sie unendlich viele schmackhafte, gesunde Gerichte zubereiten:

- kalt gepresstes Olivenöl und Oliven
- Pflanzenöle
- Essig
- Kapern
- Sardellenfilets
- frisches Gemüse der Saison
- Obst
- Knoblauch und Zwiebeln
- Tomaten aus der Dose, passierte Tomaten
- Hülsenfrüchte
- Naturreis und Bulgur
- Vollkornpasta
- Fisch und Meeresfrüchte
- Sojamilch und -sahne, Tofu
- Bio-Eier
- Kräuter wie Basilikum, Oregano, Thymian oder Rosmarin
- gekörnte Gemüsebrühe
- Ciabatta, Oliven- oder Kräuterbrot
- Rotwein
- Pute oder anderes mageres Geflügel
- magerer Geflügelaufschnitt
- mageres Wildfleisch

WEG DAMIT!

Allen wechselnden Trends zum Trotz sind die folgenden Produkte für die gesunde Ernährung überflüssig, da sie kaum oder gar keine guten Nährstoffe enthalten und dick machen:

- **Weißer Haushaltszucker:** Er enthält keine lebenswichtigen Stoffe und bringt nur maximale Kalorien. Der braune, mit Melasse eingefärbte Haushaltszucker ist auch nicht besser. Zucker ist oft in Limonaden, Softdrinks, Saucen, Fertigdesserts, Gebäck und anderswo »versteckt«.
- **Weißes Mehl und Produkte daraus:** Beim Mahlen werden die Außenschicht und der Keim des Getreidekorns entfernt. Das macht es haltbar, nimmt ihm aber auch alle ernährungsphysiologisch wertvollen Substanzen.
- **Geschälter Reis:** Auch hier fehlt zugunsten der Haltbarkeit die wertvolle Randschicht.
- **Fertigmahlzeiten:** Jedem Gourmet dreht sich bei ihrem Anblick der Magen um. Einheitsgeschmack und Zusatzstoffe, die kein Mensch will oder braucht, sind das eine, der mangelnde Nährwert das andere. Manche Fertiggerichte sind zwar fettreduziert, aber zugesetzter Zucker und andere verarbeitete

TIPP: Alkohol-frei leben

Gegen ein kleines **Glas guten Rotwein** ist medizinisch grundsätzlich nichts einzuwenden. Er bringt den Stoffwechsel auf Trab und kann das Herzinfarktrisiko senken. Das große *Aber:* **Alkohol** ist für Ihre Körperzellen das reinste Stressprogramm. Beim seinem Abbau entstehen als schädliche Zwischenprodukte **freie Radikale**. Hinzu kommt, dass Alkohol mit sieben Kilokalorien pro Gramm fast **so viel Energie hat wie Fett!** Und er bremst die Fettverbrennung und hebt den Insulinspiegel, was **mehr Appetit** erzeugt. Alkohol im Übermaß schädigt außerdem **Leber und Mitochondrien** und ruiniert die robusteste Gesundheit. Die Mitochondrien, Organe in den Muskelzellen, wandeln Nährstoffe in Energie um – so wie ein Motor Benzin verbrennt. Kursiert Alkohol im Körper, konzentrieren sich die Mitochondrien auf die **Reparatur** der entstehenden **Schäden** und können nicht ihre reguläre Stoffwechselaktivität ausführen. Das beschleunigt *Verschleiß und Alterung.*

Kohlenhydrate machen sie zu den reinsten Energiebomben. Sie wissen: Obst, Gemüse und Vollkornprodukte sind die bessere Wahl. Die einzige Ausnahme ist für mich Tiefkühlgemüse ohne Zusatzstoffe.
- **Light-Produkte:** Nehme ich überhaupt nicht. Sie enthalten zwar weniger Fett, dafür aber ungünstige Kohlenhydrate. Manche sind wirklich reine Dickmacher! Ich kaufe Bio, wo immer möglich.
- **Butter und vollfetter Käse:** Auf den Index gehören sie nicht, aber sie sollten doch nur in Maßen genossen werden. Ganz offen: Ich halte mich nicht daran. Hier sündige ich, und es tut mir gut.

DIE BESTEN EINKAUFSTIPPS
- Gehen Sie nicht hungrig einkaufen. Sonst greifen Sie wahllos zu. Essen Sie vorher immer ein Stück Obst oder einen Joghurt, dann läuft Ihnen nicht am Schokoladenregal das Wasser im Mund zusammen. Ich schreibe mir keinen Einkaufszettel für Lebensmittel. Ich warte ab, was mich anlacht. Auf meinem Zettel stehen nur Dinge wie Zahnpasta, Haarkur, Schulhefte, Müllbeutel…
- Obst und Gemüse können Sie bedenkenlos genießen, wenn Sie regionales Freilandgemüse, Winter- und Tiefkühlgemüse oder Bioware kaufen. Bestimmt gibt es auch in Ihrer Nähe einen Bauernmarkt oder -stand. Halten Sie Ausschau nach Anbietern, die naturnahen Anbau praktizieren.
- Obst aus fernen Ländern kann erheblich mit Pflanzenschutzmitteln belastet sein, wie staatliche Kontrolleure und die Umweltorganisationen immer wieder feststellen. Welche Sorten aus welchen Ländern gut sind, können Sie in dem Greenpeace-Ratgeber »Es-

DAS RICHTIGE EINKAUFEN

sen ohne Pestizide« nachlesen. Er ist über die Homepage von Greenpeace oder www.einkaufsnetz.org erhältlich. Ich vertraue Greenpeace und Thilo Bode's Foodwatch.
- Waschen Sie jedes Obst und Gemüse vor dem Verzehr gründlich!
- Da Fisch mit Schadstoffen, Schwermetallen und Pestiziden belastet sein kann, sind eher Magerfische wie Seelachs, Scholle, Kabeljau und Schellfisch zu empfehlen. Sie sind relativ schadstoffarm. Eine hilfreiche Orientierung für den Einkauf ist das ASC-Siegel (Aquaculture Stewardship Council), das für hohe Umwelt- und Sozialstandards bei der Fischzucht steht. Bei Ökofisch gelten noch strengere Anforderungen an Platzangebot, Futter und Umweltbedingungen.
- Wenn Sie Butter lieben so wie ich, dann probieren Sie mal Sauerrahmbutter. Sie ist fettreduziert und schmeckt großartig.
- Kaufen Sie nur schonend gewonnene, kalt gepresste Speiseöle. Sie enthalten am meisten essenzielle Fettsäuren und Vitamine.
- Machen Sie sich mit den Inhaltsstoffen von industriellen Nahrungsmitteln vertraut. Seien Sie kritisch bei Gemüsekonserven, Antipasti, Fertig-Tiefkühlwaren etc. Sie werden sich wundern, wie viel Salz, Öl, Zucker und Zusatzstoffe manche dieser Gerichte enthalten.
- Manche Hersteller haben eigene Bio-Linien entwickelt, die durchaus erschwinglich und gut sind. Das sage ich Ihnen ganz offen: Ich steh' auf den Lidl bei uns um die Ecke, denn das Bio-Sortiment ist sehr ordentlich und das Obst und Gemüse frisch.
- Sind Sie eine Naschkatze – wie mein Mann? Gesund naschen ist möglich! Getrocknete Aprikosen enthalten jede Menge Vitamine (Beta-Karotin und E) sowie Magnesium. Ebenfalls gesunde Knabbereien sind Kürbiskerne mit viel Magnesium, Nüsse, Mandeln und Sonnenblumenkerne.
- Auch auf Schokolade müssen Sie nicht ganz verzichten. Gönnen Sie sich eine laktosefreie mit hohem Kakaogehalt. Dann profitieren Sie am meisten von dem euphorisierenden Theobromin und dem Nervenmineral Magnesium. Schon fünf Gramm hellen die Stimmung auf und befriedigen die Naschlust fürs Erste.
- Immer im Haus sein sollten Joghurt, hartgekochte Eier, Möhren und Tomaten. Damit stillen Sie schnell den ersten Hunger, wenn Sie tagsüber im Druck waren und fürs Essen keine Zeit hatten. Sie kehren dann umso hungriger an die heimischen Töpfe zurück und sollten nicht wahllos futtern. Auch Eiweißshakes sollten griffbereit sein. In Sekunden rühren Sie sich einen an.

LASSEN SIE SICH'S SCHMECKEN!

Fast so wichtig wie die gesunden Inhaltsstoffe einer Mahlzeit sind Genuss und Lebensfreude. Mich macht es glücklich, im Familienkreis ein gutes Essen zu genießen. Nach einem arbeitsreichen Tag ist das ein wunderschönes Abschlussritual mit meinem Mann und den Kindern. Ich genieße es am meisten in Gesellschaft, mit der Familie oder Freunden. Aber sorgen Sie auch für einen schönen Rahmen, wenn Sie alleine essen. Decken Sie sich den Tisch und nehmen Sie sich eine bewusste Auszeit. Essen ist auch Entspannung und Selbstfürsorge. Lassen Sie Lesen und Fernsehen beim Essen sein. Es lenkt Sie ab und führt leicht dazu, dass Sie die Mengen aus den Augen verlieren.

NACHWORT

Die Botschaft meines Buchs ist: Haben Sie keine Angst vor der Zukunft mehr, machen Sie sich auf den Weg ins Glück, indem Sie die Weichen Ihres Lebens stellen.

Meine Erkenntnisse und Erfahrungen sollen Ihnen helfen, das Glück zu fühlen, das jetzt noch nicht ist. Sie werden aus meinem Glücksrezept unendlich viel mehr mitnehmen, als Sie es sich heute vorstellen können.

Denken Sie positiv, glauben Sie an sich selbst und seien Sie bereit, ein Risiko einzugehen. **Es ist Ihr Leben. Also tun Sie es einfach!**

Nur wenige Menschen um mich herum machen sich konsequent auf den Weg zu den Zielen, die sie sich erträumen. Es genügt nicht, nur zu reden oder ein Buch zu lesen. Man muss aktiv werden.

Gestalten Sie Ihr Leben. **Machen Sie Ihr Ding!** Machen Sie es nur für sich selbst und erwarten Sie nicht weniger als das Allerbeste davon.

Tun Sie, was Sie schon längst tun wollten. Fangen Sie sofort damit an! Verwenden Sie mein Buch als Rezept fürs Glück. Gehen Sie auf diese wunderbare Reise – so wie ich – und ordnen Sie Ihr Leben mit meinen Prinzipien. **Es wird ein Meisterstück.** Ihr Selbstvertrauen kommt zurück, ebenso Ihr Glaube ans Glück! Ihre Mitmenschen werden staunen, denn nun gehören Sie zu den wenigen, die wirklich etwas tun – im Unterschied zu den vielen, die immerfort nur reden.

Ich freue mich, wenn Sie mich später wissen lassen, wie Sie mein Glücksrezept entzündet hat und wie Sie damit den Weg aus Ihrer Notlage gefunden haben. Meine Kontaktdaten finden Sie auf Seite 157.

Verfolgen Sie Ihre Ziele, machen Sie sich zu neuen Träumen auf und schaffen Sie sich damit eine begehrenswerte Welt in Ihrem eigenen Wirkungskreis.

Leben Sie wohl und glücklich,

Ihre Konstanze Kuchenmeister

Bücher, die weiterhelfen

Bilinski, W.: Phönix aus der Asche. Resilienz – Wie erfolgreiche Menschen die Krisen meistern, Verlag Haufe-Lexware

Burns, D. D.: In zehn Tagen das Selbstwertgefühl stärken, Junfermann Verlag

Conen, H.: Zeigen Sie Profil! So machen Sie Ihre Ecken und Kanten zum Plus, Droemer Knaur Verlag

Gruhl, M.: Die Strategie der Stehauf-Menschen: Krisen meistern mit Resilienz, Kreuz Verlag

Hirschhausen, Dr. E.: Glück kommt selten allein. Rowohlt

Jeffers, S.: Selbstvertrauen gewinnen. Kösel Verlag

Knoblauch, J.; Hüger, J.; Mockle, M.: Dem Leben Richtung geben: In drei Schritten zu einer selbstbestimmten Zukunft, Heyne Verlag

Krelhaus, L.: Wer bin ich – wer will ich sein? Ein Arbeitsbuch zur Selbstanalyse und Zukunftsgestaltung, Mvg Verlag

Küstenmacher, W. T.; Seiwert, L.: Simplify your life. Einfacher und glücklicher leben, Campus Verlag

Marquardt, M.: Die Laufbibel: Das Standardwerk zum gesunden Laufen, Spomedis Verlag

Pohle, R.: Weg damit! Entrümpeln befreit, Heyne Verlag

Potreck-Rose, F.: Von der Freude, den Selbstwert zu stärken, Verlag Klett-Cotta

Strunz, Ulrich: Frohmedizin, Heyne

Strunz, Ulrich: Die neue Diät. Das Fitnessbuch, Heyne

Strunz, Ulrich: Die neue Diät. Fit und schlank durch Metabolic Power, Heyne

Tepperwein, K.: Krise als Chance. Wie man Krisen löst und zukünftig vermeidet, Verlag MVG

Zimmermann, W.: Mach endlich, was du willst! Wie du dein Schicksal selbst in die Hand nimmst, Campus Verlag

Zurhorst, E. M. & W.: Liebe dich selbst und freu dich auf die nächste Krise, Verlag Goldmann-Arkana

BÜCHER AUS DEM GRÄFE UND UNZER VERLAG, MÜNCHEN

Bohlmann, F.: Gesunde Ernährung für Vielbeschäftigte

Coy, Dr. J. F.: Das Anti-Krebs-Kochbuch

Coy, Dr. J. F.; Baumann, Dr. F. T.; Spitz, Prof. Dr. Med. J.; Cavelius, A.: Die 8 Anti-Krebs-Regeln

Coy, Dr. J. F.; Franz, M.: Die neue Anti-Krebs Ernährung

Cramm, D.; Kintrup, M.: Vegetarisch genießen

Despeghel, Dr. M.: High Intensity Training

Emmelmann, C.: Schluss mit frustig. Vier Schritte zu echter Lebensfreude

Engelbrecht, S.: Lass dich nicht vereinnahmen. Die beste Strategie, sich von Ansprüchen anderer zu befreien

Engelbrecht, S.: Lass los, was deinem Glück im Weg steht

Engelbrecht, S.: Lass los, was dich klein macht. Die 7 Schlüssel zu mehr Selbstwertgefühl

Froböse, Prof. Dr. I. J.: Versteckte Krankheiten. Wie Sie sie stoppen, bevor sie ausbrechen

Grillparzer, M.: Körperwissen. Entdecken Sie Ihre innere Welt

Hainbuch, Dr. F.: Progressive Muskelentspannung (mit CD)

Hederer, M.: Laufen statt Diät.

König, I.: 99 gesunde Genussrezepte für zwei

Küstenmacher, W. T.: Du hast es in der Hand. 5 einfache Rituale für ein glücklicheres Leben.

Lindinger, Dr. K.: Lass los und ... gewinne! Wie Sie falsche Vorstellungen aufgeben und reich dafür belohnt werden

Mannschatz, M.: Buddhas Anleitung zum Glücklichsein

Mannschatz, M.: Meditation. Mehr Klarheit und innere Ruhe (mit CD)

Matschnig, M.: Mehr Mut zum Ich. Sei du selbst und lebe glücklicher

Matthaei, B.: Vegetarisch vom Feinsten

Maus, S.; Lanzenberger, B.-M.: Gesund essen bei Laktoseintoleranz. Genuss-Rezepte ohne Kuhmilch

Meindl, D. J.: Zen – das Glück im Jetzt

Mertens, W.; Oberlack, H.: Qi Gong (mit CD)

Pizzecco, Toni: Optimismus-Training

Pohle, R.: Lass los, was deine Seele belastet

Schinharl, C.: Crashkurs Vegetarisch

Schuster, J.; Kümmerle, Dr. S.: Der Schlaftrainer. 4 Schritte zu gutem Schlaf

Spitz, Prof. Dr. J.: Superhormon Vitamin D. So aktivieren Sie Ihren inneren Schutzschild gegen chronische Erkrankungen

Trökes, A.: Yoga zum Entspannen (mit CD)

Links, die weiterhelfen

www.brigitte.de
Website der beliebten Frauenzeitschrift mit aktuellen Informationen zu Fitness und Gesundheit

www.dge.de
Internetpräsenz der Deutschen Gesellschaft für Ernährung

www.dkfz.de
Homepage des Deutschen Krebsforschungszentrums. Aktuelle Informationen zu den verschiedenen Krebsarten, Vorsorge, Diagnose und Therapie sowie zur wissenschaftlichen Krebsforschung

www.dsgip.de
Deutsche Stiftung für Gesundheitsinformation und Prävention, gegründet von Prof. Dr. Jörg Spitz

www.evomed.com
Ganzheitliche onkologische Diagnostik- und Therapiekonzepte

www.fet-ev.eu
Fachgesellschaft für Ernährungstherapie und Prävention (FET) e. V. zur unabhängigen Patienteninformation

forum.runnersworld.de
Internet-Forum der Zeitschrift »Runners World« mit viel Wissenswertem zum Thema Laufen

www.hksh-berlin.de
Haus der Krebsselbsthilfe – Internetauftritt. Verbund bundesweit tätiger, von der Deutschen Krebshilfe geförderten Selbsthilfe-Organisationen

www.krebshilfe.de
Internetpräsenz der Deutschen Krebshilfe e. V. Organisation zur Förderung der Prävention, Früherkennung, Diagnose, Therapie, medizinischen Nachsorge und psychosozialen Versorgung

www.krebs-kompass.org
Hilfe und Unterstützung durch umfassende Informationen. Mit Forum und Chat für Krebspatienten und ihre Angehörigen

www.krebskreis.de
Onlinetreff rund um das Thema »Bewegung, Sport und Krebs«

www.notfallseelsorge.de
Informationen und Kontakt zu Notfallseelsorgern deutschlandweit

www.simplify.de
Internetseite mit vielen Tipps rund um die Themen Entrümpeln und Vereinfachung

www.telefonseelsorge.de
Homepage der TelefonSeelsorge Deutschland – mit vielen hilfreichen Informationen zur Organisation, zum Angebot und Kontakthinweisen

Über die Autorin

PERSÖNLICHES
Jahrgang: 1968
Größe: 1,84 cm
Geburtsort: Hamburg
Wohnort: Nürnberg
Beruf: Fachärztin für Frauenheilkunde
Vier Kinder

BERUFLICHER WERDEGANG
Medizinstudium 1990–1995 in Erlangen/London
Facharztausbildung 1995–2003 in Neumarkt
Niederlassung als Frauenärztin 2004 in Bayern mit eigener Arztpraxis
Homepage und Kontakt:
www.kuchenmeister.ch · praxis@drkuchenmeister.de

Weiterlesen tut gut.

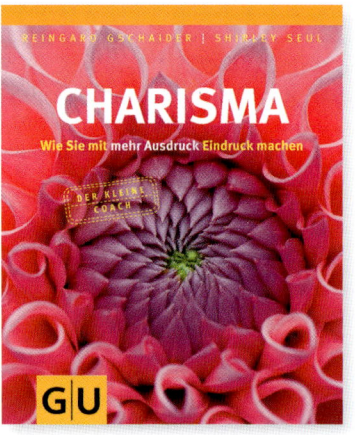

www.gu.de: Blättern Sie in unseren Büchern, entdecken Sie wertvolle Hintergrundinformationen sowie unsere Neuerscheinungen.

Willkommen im Leben.

HERA LIND
Himmel und Hölle

Konstanze Kuchenmeister hat gerade Zwillinge zur Welt gebracht, als bei ihr Gebärmutterhalskrebs festgestellt wird. Für die junge Gynäkologin bricht eine Welt zusammen – wie konnten ihr als Expertin die Symptome nicht auffallen? Sie stellt sich Operation und Chemotherapie, versorgt ihre vier Kinder, baut sich gleichzeitig eine eigene Praxis auf. Als sie glaubt, den Krebs besiegt zu haben, diagnostizieren die Ärzte einen Gehirntumor – und wieder nimmt Konstanze den Kampf auf. Sie ist Mutter. Sie hat viele Patientinnen, die an sie glauben. Sie geht durch Himmel und Hölle und überlebt.

Ein Tatsachenroman, wie ihn nur Hera Lind schreiben kann – voller Lebensmut und Hoffnung!

978-3-453-35490-6

Leseprobe unter www.diana-verlag.de

IMPRESSUM

© 2012 GRÄFE UND UNZER VERLAG GmbH, München. Alle Rechte vorbehalten. Nachdruck, auch auszugsweise, sowie Verbreitung durch Bild, Funk, Fernsehen und Internet, durch fotomechanische Wiedergabe, Tonträger und Datenverarbeitungssysteme jeder Art nur mit schriftlicher Genehmigung des Verlags.

Satz: Knipping Werbung GmbH, Berg am Starnberger See
Layout und Umschlaggestaltung:
independent Medien-Design, Horst Moser
Bildredaktion: Nikola Hirmer,
Elke Dollinger, Henrike Schechter
Herstellung: Renate Hutt
Repro: Repro Ludwig, Zell am See
Druck und Bindung: Druckhaus Kaufmann, Lahr
Syndication: www.jalag-syndication.de

ISBN: 978-3-8338-2581-1
1. Auflage 2012

Die GU-Homepage finden Sie im Internet unter: www.gu.de

Bildnachweis:
Cover und Fotoproduktion: Johannes Rodach
Weitere Fotos: Corbis: S. 67, 82; Mauritius: S. 135, 137, 138; Plainpicture S. 4 (oben und unten), 5, 46, 57, 65, 68/69, 84, 92, 101, 105, 106, 108, 113, 122, 125, 127, 128, 131

Für die freundliche Unterstützung der Fotoproduktion ein Dankeschön an: www.stilvoll-entspannen.de
www.mandala-fashion.com · www.konen.de

Umwelthinweis: Dieses Buch ist auf PEFC-zertifiziertem Papier aus nachhaltiger Waldwirtschaft gedruckt.

Wichtiger Hinweis: Die Inhalte in diesem Buch wurden von der Autorin nach bestem Wissen erstellt und geprüft. Die Ratschläge sind kein Ersatz für persönlich eingeholten, fachlich kompetenten Rat. Jede Leserin, jeder Leser trägt die Verantwortung für das eigene Handeln. Weder die Autorin noch der Verlag können eine Haftung für eventuelle Nachteile oder Schäden übernehmen, die aus im Buch gegebenen Hinweisen resultieren.

Ein Unternehmen der
GANSKE VERLAGSGRUPPE

Unsere Garantie

Alle Informationen in diesem Ratgeber sind sorgfältig und gewissenhaft geprüft. Sollte dennoch einmal ein Fehler enthalten sein, schicken Sie uns das Buch mit dem entsprechenden Hinweis an unseren Leserservice zurück. Wir tauschen Ihnen den GU-Ratgeber gegen einen anderen zum gleichen oder einem ähnlichen Thema um.

Liebe Leserin und lieber Leser,

wir freuen uns, dass Sie sich für ein GU-Buch entschieden haben. Mit Ihrem Kauf setzen Sie auf die Qualität, Kompetenz und Aktualität unserer Ratgeber. Dafür sagen wir Danke! Wir wollen als führender Ratgeberverlag noch besser werden. Daher ist uns Ihre Meinung wichtig. Bitte senden Sie uns Ihre Anregungen, Ihre Kritik oder Ihr Lob zu unseren Büchern. Haben Sie Fragen oder benötigen Sie weiteren Rat zum Thema? Wir freuen uns auf Ihre Nachricht!

Wir sind für Sie da!

Montag–Donnerstag:
8.00–18.00 Uhr;
Freitag: 8.00–16.00 Uhr
Tel.: 0180-500 50 54*
Fax: 0180-5012054*

* (0,14 €/Min. aus dem dt. Festnetz/ Mobilfunkpreise maximal 0,42 €/Min.)

E-Mail:
leserservice@graefe-und-unzer.de

P.S.: Wollen Sie noch mehr Aktuelles von GU wissen, dann abonnieren Sie doch unseren kostenlosen GU-Online-Newsletter und/oder unsere kostenlosen Kundenmagazine.

GRÄFE UND UNZER VERLAG
Leserservice
Postfach 86 03 13
81630 München